시몬느
베이유

ERIC O. SPRINGSTED
SIMONE WEIL
Copyright © 1998 by Eric O. Springsted
Published by Orbis Books, Maryknoll, NY 10545-0308, USA
All rights reserved

Translated by KWON Un-Jung
Korean translation copyright © 2008 by Benedict Press
Waegwan, Korea

Published by arrangement with Orbis Books, Maryknoll, NY

시몬느 베이유
2008년 5월 초판 | 2012년 10월 재쇄
옮긴이 · 권은정 | 펴낸이 · 이형우
ⓒ **분도출판사**
등록 · 1962년 5월 7일 라15호
718-806 경북 칠곡군 왜관읍 왜관리 134의 1
왜관 본사 · 전화 054-970-2400 · 팩스 054-971-0179
서울 지사 · 전화 02-2266-3605 · 팩스 02-2271-3605
www.bundobook.co.kr
ISBN 978-89-419-0808-1 03230
값 8,000원

이 책의 한국어판 저작권은
Orbis Books와 독점 계약한 분도출판사에 있습니다.
저작권법에 의해 한국 내에서 보호를 받는 저작물이므로
무단 전재와 무단 복제를 금합니다.

시몬느 베이유

에릭 스프링스티드 엮음
권은정 옮김

분도출판사

S i m o n e　　W e i l

들어가는 말 7
프롤로그 37

1. 신의 사랑 41

조에 부스케에게 43
신의 사랑과 고통 54
필연성과 선 97
신의 사랑 101
또, 신의 사랑 108
다시금, 신의 사랑 118

2. 사랑과 신앙 125

신의 사랑과 올바른 학교 공부 125
성체성사 135
세 가지 신학적 개념 144

3. 정의와 인간 사회 155

문화와 사회 156
우리는 정의를 위해 투쟁하는가? 161
인간 의무 선언 초안 173

에필로그 189

【약어표】

CS	*La Connaissance surnaturelle,* Paris: Gallimard 1950.
EL	*Ecrits de Londres,* Paris: Gallimard 1957.
FLN	*First and Last Notebooks*, Trans. R. Rees, London: Oxford University Press 1970.
GG	*Gravity and Grace*, Trans. A. Wills, New York: G.P. Putnam's Sons 1953.
NB	*The Notebooks of Simone Weil*, 2 vols., Trans. A. Wills, London: Routledge & Kegan Paul 1956.
NR	*The Need for Roots*, Trans. A. Wills, London: Routledge & Kegan Paul 1952.
SE	*Selected Essays 1934-43*, Trans. R. Rees, London: Oxford University Press 1962.
SL	*Seventy Letters*, Trans. R. Rees, London: Oxford University Press 1965.
SN	*On Science, Necessity and the Love of God*, Trans. R. Rees, London: Oxford University Press 1968.
WG	*Waiting for God*, Trans. E. Crauford, New York: Harper & Row 1973.

들어가는 말

20세기를 진지함이 결여된 시대라고 할 수는 없다. 물론 그 진지함이 항상 우리 인간의 정신과 육체에 깃들어 온 것은 아니다. 우리는 지금 도덕적·사회적·종교적 갈등이 몰아치는 폭풍우 한복판에 놓여 있다. 구원의 도구들로 인해 외려 파멸할 지경이다. 영혼의 참된 양식이 무엇인지 이따금 궁금했다. 하지만 빵 대신 돌멩이나 독사를 움켜잡을 따름이었다. 결국 저마다의 몽상 속에 웅크린 채, 우리를 한데 끌어당기는 그 무언가를 의심하고 두려워하며 지내 온 것이다.

그런데 이 시대는 순수한 영성을 지닌 위대한 스승들을 배출하기도 했다. 타인에 대한 진정한 연민, 빛과 은총의 삶을 증거하는 인물들이 없었다면 우리는 존재하지 못했을 것이다.

시몬느 베이유도 이러한 증인들 가운데 한 사람이다. 유례를 찾기 힘들 만큼 순수한 영성, 비범한 헌신, 명석한 지성의 혼합체인 그녀는, 영성을 통해 빛을 추구하고 인간사에서 정의를 찾는 이들을 향해 분명한 목소리를 낸 사람이었다. 도덕적 헌신과 영적 이상이 상충하는 이 시대에 베이유는 폭풍 속의 등댓불이라기보다는 양극과 음극 모두를 끌어당기는 피뢰침의 역할을 맡았다.

그녀의 방식은 매우 독특하다. 삶과 저서를 살펴보면 그녀는 종교적인 것과 비종교적인 것, 진보와 보수 사이의 경계선을 의식하지 않았음을 알 수 있다. 삶과 사상 안에 긍정과 부정이 공존한다. 그녀는 교회 밖의 많은 이로부터 깊은 공감을 끌어냈고, 교회 안의 이들에게 다소 적대감을 안겨 주었다. T.S. 엘리엇은 시몬느 베이유를 두고, "스스로를 보수주의자로 칭하는 대다수 사람보다 더 위계질서를 존중하는 한편 사회주의자를 자처하는 사람들보다 더 인민을 사랑한 사람"으로 묘사했다(NR viii).

시몬느 베이유로부터 감화받은 사람들은 극히 상호 모순적인 그녀의 특징을 순수한 영혼의 표현으로 받아들였지만, 이러한 특징은 또한 혼돈스럽고 갈피를 잡기 힘든 것이기도 했다. 하지만 나는 이 모순성을 그리 대단하게 생각하지 않는다. 말년에 베이유는 자기 사상의 여러 갈래가 일목요연한 데 놀라워했던 것 같다. 부모에게 쓴 편지에서 그녀는 자신에게서 황금처럼 아주 조밀하고 단단한 어떤 속성을 발견했다고 밝히고 있다. 그러면서 이 속성이 그다지 뚜렷하게 드러나지 않으리라는 데 깊은 우려를 표명했다. 사람들이 그 황금은 보지 못한 채 베이유 자신만을 보려 할 것이라는 생각에서다. 아우구스티누스가 손으로 하늘을 가리키는데 제자들이 하늘은 보지 않고 자신의 손가락만 바라본다고 불평한 것과 같은 내용이다.

베이유가 맞다면(점점 더 그녀가 옳다는 쪽으로 기울고 있는데) 그녀가 끌어당긴 양극과 음극은 아마도 우리가 겪는 혼돈의 반영이었을 것이다. 그녀 스스로 피뢰침이 됨으로써, 도덕적이고 영적인 진지함을 폭풍 속에 처하게 했던 우리의 양극의 균형을 잡고자 했던 것이다. 불균형을 복구하기 위해 그 피뢰침을 내리친 것은 바로 우리 자신이다. 시몬느 베이유라는 인물 자체에만 몰두한 나머지 우리는 그녀의 진면목을 보지 못할 수도 있다. 시몬느 베이유를 거의 성인 반열에 올리려는 사람들도 있으나 베이유 자신은 아마도 반기지 않을 것 같다.

그녀의 주요 사상과, 이 시대의 정통 사조에 반한다는 이유로 논란을 불러일으킨 내용들에 대해 말하고자 한다.

나는 베이유가 도덕적 존재에 대해 알고 있었다고 믿는다. 우리가 우리 자신을 도덕적이고 영적인 존재로 당연시하는 것은 마치 물고기가 물을 대하는 것과도 같다. 하지만 그것은 어떤 대척점에 이를 때까지만 그러하다. 종종 놀라며 날카롭게 반응하는 지점이자 위험에 처하기도 하는 바로 그 지점이다.

종교와 사회 그리고 도덕적 사상에 있어 시몬느 베이유의 특기할 만한 공헌은, 우리가 스스로를 인식함에 있어 파생되는 혼란과 맹목성과 한계를 대하는 그녀의 예리한 직관이라고 생각한다. 그리고 그녀의 대안은 또 다른 공헌이다.

우선 그녀의 삶을 좀 더 자세히 들여다보면 모든 것은 보다 분명해질 것이다. 그녀의 삶에는 우리의 관심을 끌 만한 점과 반발을 불러일으킬 만한 점이 함께하고 있다.

시몬느 베이유는 1909년 2월 3일에 태어났다. 그녀에게는 훗날 세계적 수학자가 된 오빠 앙드레가 있었다. 아버지 베르나르는 내과 의사였다. 아버지 직업 덕분에 그녀는 안락하면서도 존경받는 중류계급 가정에서 성장할 수 있었다. 어머니 셀마는 자녀 양육에 헌신적인 사람이었다.

베이유의 가족은 유다인 혈통이었다. 드레퓌스 사건과 제2차 세계대전의 유다인 대학살 사이에 살았던 유다인 대다수가 그렇듯이 그녀의 가족은 자신들이 유다인이라는 사실에 대해 크게 신경 쓰지 않으면서 프랑스 사회의 일원으로 동화되어 살고 있었다. 베이유는 조상에 대해 특별한 애착을 느낀 적이 없었다. 오히려 일종의 반감을 가지고 있었는데 특히 창세기, 이사야서, 욥기를 제외한 구약과 유다이즘을 이야기할 때는 매우 비판적이었다. 결코 자신을 유다인으로 내세우지 않았고 그 점에 대해 날카롭게 반응했다. 시몬느 베이유가 누구인지 말할 수 있는 사람은 그녀 자신 말고는 아무도 없었다.

오빠 앙드레 못지않게 명석했지만 그녀에게는 분명 다른 점이 있었다. 수학자로서 앙드레의 지성은 대단히 뛰어났고 일찍이 두드러졌기 때문에 그의 미래는 정해져 있었다. 지적 능력이 중시되는 집안 분위기에서 시몬느 베이유는 적지 않은 조바심을 느꼈다. '열등감'은 그녀 자신의 능력을 찾아가는 중요한 단서였다. 한 편지에서 그녀는(스스로에 대해 진솔하게 표현한 드문 경우인데) 자신을 괴롭힌 것은 가시적 성공의 결여가 아니라면서, "진정으로 나를 슬프게 만드는 것은 명징한 왕국에서 내가 배제되어 있다는 느낌이다. 참된 위대함만이 들어갈 수 있는 그곳은 진실이 머무는 장소다"(WG 64)라고 밝힌 바 있다. 사춘기에 심각한 정체성 위기를 겪으며 그녀가 도달한 결론은, 그 왕국은 순수한 지성으로만 들어갈 수 있는 것이 아니라 진리를 열망하고 온전히 거기에 투신한다면 누구라도 입성할 수 있다는 것이었다. 진리의 이름 아래 "아름다움과 미덕, 모든 선행이 포함된다. 내게 있어 진리는 은총과 열망의 관계에 대한 궁금증이다. 굶주림에 시달리며 빵을 구하는 이들에게 돌멩이가 주어지지는 않는다는 것이 나의 신념이다"(WG 64)라고 그녀는 덧붙였다.

도덕적 응축, 즉 '집중'은 시몬느 베이유의 재능의 핵심이다. 그것은 단순한 재능과는 구별되는 것으로, 그녀는 자신의 저술 전체에 걸쳐 이 사상을 진지하게 드러내고 있다. 종교적 비유에 의존하지 않았지만(신의 문제는 해결할 수 없는 것이었다고 한다) 이를 통해 그녀의 종교적 사상은 꽃피게 된다.

그렇다고 해서 베이유가 지적인 면으로 가시적 성공을 거두지 못한 것은 아니다. 그녀는 프랑스 최고 수준인 앙리 4세 고등학교에서 알랭 교수로부터 철학을 배웠다. 인간 행동을 중시한 알랭 교수는 그녀를 이해하고 인정해 준 사람으로, 일찍이 그녀의 사상을 형성하는 데 큰 영향을 끼쳤다. 시몬느 베이유는 저 유명한 고등사범학교를 최초로 졸업한 몇 안 되는 여성 중 한 사람이었다. 그녀는 소수 정예 학생들에게만 가능했던 철학 교수 자격 학위를 받고 졸업했다.

학교에 다닐 때는 물론 졸업 후 프랑스 교육 체제 안에서 교직에 종사할 때조차 시몬느 베이유는 도덕적이고 헌신적인 인물로 기억되었다. 도덕적 열망을 지닌 좌파 운동가였던 그녀는 '붉은 처녀' 혹은 '치마 입은 돌격대장'이라는 별명으로 불리기도 했다. 대학 시절 그녀와 만난 적이 있는 시몬느 드 보부아르가 기억하기를, 그 당시 시몬느 베이유는 이미 도전적 태도로 명성을 얻고 있었다고 한다. 어느 날 소르본 교정에서, 인민을 먹이기 위해 혁명이 필요하다는 내용으로 베이유가 연설을 하고 있었다. 그때 보부아르는 인민이 진정으로 원하는 것은 의미 있는 삶이라는 식의 철학적 의견을 내놓았다. 그러자 베이유는 보부아르를 일별하며 차갑게 응수하기를, 이제껏 한 번도 굶주려 보지 않은 것이 분명하다며 보부아르의 철학을 프티부르주아적 산물로 단정했다(보부아르는 베이유의 솔직하고 엄격한 도덕성에 깊은 인상을 받았다고 한다. 중국의 지진 소식에 그녀가 드러내 놓고 울었다는 데서도 이런 특성은 잘 드러난다. 시몬느 베이유의 뜨거운 가슴은 전 세계 어디에나 똑같이 적용되었다).

베이유는 자신의 논문 지도 교수이며 저명한 파스칼 학자인 레옹 브룬스비그 교수나 학과장같이 권위를 가진 사람들과는 거리를 두면서 그들의 권위에 도전하는 듯한 태도를 보이기도 했다. 결과적으로 그녀는 레옹 교수와 좋은 관계를 유지하지 못했고, 교수 역시 데카르트에 관한 그녀의 학위논문을 제대로 인정하지 않았다. 그녀가 파스칼을 좋아하지 않았다는 점도(비록 철학적 공통점은 있었지만) 적대적 관계의 한 원인이었다.

베이유가 교직을 시작할 무렵, 교육계 고위층은 그녀의 활발한 노동운동을 우려해 지방의 작은 도시로 발령을 냈다. 물론 그곳에서도 그녀는 조용히 지내지 않았다. 최대한 검소하게 살면서 노동운동에 돈을 쏟아 부었다. 수업이 없을 때는 야학에서 노동자들을 가르치며 그들과 자연스럽게 교유했다. 이러한 태도는 중산층 학부모들, 즉 자녀들을 '진리의 왕국'에 입성시키기보다는 출세시키는 것이 목표인 부모들에게 문제가 되었다. 베이유가 르페 시에서 실업자들을 위한 파업을 지휘하자 학부모들은 이를 문제 삼고 나섰다. 그러나 불합리한 반발에 그녀는 결코 동요하지 않았다.

이러한 일화는 빙산의 일각에 불과하다. 그녀가 파리에 있는 세 군데 공장에서 일하던 1934~1935년 무렵을 아는 것이 중요하다. 당시 그녀는 「자유의 원인과 사회적 억압에 대한 고찰」이라는 글을 막 끝낸 참이었다. 당당하고 비판적인 어조로, 인간이 노동을 통해 존엄성을 지킬 수 있음을 일깨우는 글이었다. 마르크스가 인간의 사상과 존엄성과 거대 기업 사이의 관계를 분석한 데 대해 그녀는 비판적이었다. 개인의 사고를 장악하기가 거대 기업을 통제하기보다 어렵다는 것이 그녀의 생각이었던 것이다. 마르크스의 주장은 반대였다. 인간의 사상은 '존재의 물적 토대'에 의해 규정된다는 것이다. 이런 관점에서 본다면 인간의 사상은 자유롭지 못하며, 인간 존재는 거대 산업에 속한 작은 톱니바퀴 하나에 지나지 않는다는 것이다. 베이유는 이러한 관점을 현대 과학 기술에까지 확대시켜, 경제를 운영하는 것은 더 이상 자본주의가 아니라 기술 관료라고 주장했다. 그러나 그들조차도 완전히 책임지고 있는 것은 아니다. 그들 역시 조직의 일부에 불과하다는 것이다. 60년이 지난 지금까지도 지속되고 있는 논제다.

물적 토대에 의해 인간이 규정된다면 그 안에 인간의 존엄성은 존재할 수 있을까? 인간은 스스로의 운명을 책임질 수 있을까? 마르크스만으로는 충분한 답이 되지 못했다. 너무나 완벽한 이론에 마르크스 자신의 해결책마저 모순되어 보였다. 인간의 노동은 항상 필연성에 종속된다는 점을 인정하는 데서 해결책을 찾을 수 있다고 베이유는 생각했다. 필연성이라는 한계를 지니고 있다 해도 인간의 존엄성은 완성될 수 있다. 인간의 마음이 이 필연성을 인식하고 그것을 단순히 외적인 그 무엇이 아닌 자신의 것으로 만들어 자유롭게 통제함으로써 가능해지는 것이다.

실제로 이것은 노동자들이 공장이나 사회에서 보다 큰 계획을 실현하고 자신들의 존재와 노동 조건을 각인시키는 것을 의미한다. 그래야만 비로소 그 계획은 도덕적으로 노동자 자신의 것이 될 수 있다고 그녀는 글에서 주장한다. 대단히 성숙한 사고와 성찰의 산물이었다. 하지만 베이유는 자기 글에 온전히 만족하지 못했고 이것이 그녀다운 모습이었다. 결과적으로는 알랭 교수의 가르침대로 그녀는 이론을 현실과 접목시킴으로써 자신의 사상을 완성하려 애썼다. 공장에서 일하는 동안 그녀는 말뿐만이 아닌 자기 나름의 방식으로 깨달음을 얻어 갔다.

베이유는 결코 관찰을 통해서만 경험을 쌓는 사람이 아니었다. 안온한 가정환경에도 불구하고 그녀는 노동자들이 사는 파리의 작은 아파트에서 얼마 안 되는 급료로 생활했다. 쉽지 않은 길임을 그녀 자신도 잘 알고 있었다. 1930년대 공황기의 노동 현실은 비참했다. 처음에 베이유는 인내심과 동료애를 가지고 동료 노동자들에게서 존엄한 인간의 모습을 발견하려 애썼던 것 같다. 그러나 기대는 무참히 무너졌다. 누구보다도 베이유로서는 견디기 힘든 체험이었다. 일이 서툰 그녀에게 작업량은 버겁기만 했다. 고질적인 편두통도 문제가 되었다. 이 모든 것이 그녀에게는 뼈아픈 인식이었다. 악조건하에서의 노동이란 대개 굴욕적일 수밖에 없으며 인간의 존엄성을 파괴한다는 사실을 깨닫게 되었다. 공장 시스템에 속한 노동자는 아무것도 아닌 존재였다. 그녀도 이미 알고 있었지만 정작 놀라운 것은 노동자들 자신이 이러한 문제를 대수롭지 않게 여긴다는 사실이었다.

영혼에 침윤해 있는 굴욕, 거기서 베이유는 고통을 발견했다. 인간성이 품위를 지킬 수 없게 만드는, 결코 동의할 수 없는 상황이었다. 고통이란 인간을 인간이게 하는 힘을 말살하는 것이다. 인간의 권리와 주체성, 존엄성 등을 몽땅 파괴한다. 그녀가 애초에 가졌던 낙관주의는 산산이 부서지고 말았다.

1935년 말에 베이유는 공장을 떠난다. 육신은 비록 기진맥진해졌지만 현장을 통해 배우려는 마음은 여전했다. 그녀는 멀찌감치 떨어져 관망하는 것으로 만족할 사람이 아니었다. 가르치는 일과 건강 때문에 이후 삼 년 동안은 간헐적으로 농장에서 일했다. 평화주의자로, 또 무정부주의 노조원으로 스페인 내전에 참여하기도 했다. 이 당시 그녀는 선을 위한다는 명분으로 자행되는 악의 현장을 목도한다. 파시스트뿐만 아니라 자신의 동료들조차도 사제를 살해하거나 자신들에게 동조하지 않는다는 이유로 열다섯 살 소년을 죽이기도 했다.

어느 날 베이유는 끓는 기름솥에 걸려 넘어져 화상을 입는 바람에 집으로 돌아와야 했다. 이 사건으로 그녀는 화를 모면한 셈이 되었는데, 얼마 지나지 않아 그녀의 부대원 모두가 전투에서 사망한 것이다. 조르주 베르나노스에게 보낸 편지에서 그녀는 스페인 내전의 체험에 관해 다음과 같이 밝히고 있다. "자기희생의 이상을 품고 달려간 전장에서, 무한한 잔혹함과 최소한의 인정만을 지닌 채 마치 용병처럼 서 있는 자신을 발견합니다"(SL 109).

베이유의 삶에서 영적으로 심오한 변화가 일어난 때가 바로 이 시기였다. 그녀를 이해하는 데 있어 이 전환점은 특히 중요하다. 그녀가 과거에 배운 것들과 완전히 동떨어진 것은 아니고 모두 그 안에서 이루어진 변화다.

편지 글로 이루어진 『영적 자서전』에서 베이유는 그리스도교와의 '참으로 의미심장한' 세 번의 '만남'을 서술하고 있다. 첫 만남은 공장 체험 직후였다. 그녀의 요양을 위해 부모와 함께 포르투갈에 머물던 어느 날 밤이었다. 작고 가난한 어촌 마을 사람들이 마을의 수호성인을 기념하는 모습을 베이유 혼자서 바라보고 있었다. 그녀는 비참함을 느꼈다. 이마에 낙인이 찍히는 노예처럼 고통이 그녀 자신을 태우는 것만 같았다.

> 보름달 빛이 밤바다에 흘러넘치고 있었어요. 어부의 아내들이 행렬을 지어 차례로 배에 올라 기도를 드렸지요. 저마

다 촛불을 들고는 저 아득한 고대로부터 전해 내려온 듯한 구슬픈 곡조를 흥얼거리고 있었습니다. 나는 아무 생각도 나지 않았어요. 그러다 문득 그리스도교는 과거에 노예들의 종교였음에 틀림없다는 생각이 들었습니다. 노예들은 이 종교를 따를 수밖에 없었으리라는 …. 그런데 나는 거기에 속하지 않는다는 생각이 들었습니다(WG 67).

두 번째 경험은 1937년 아시시에서였다. "평생 처음으로 무릎을 꿇고 싶은 생각이 들었다."

세 번째 체험은 더욱 강렬했는데, 그리스도교 영성에 대한 자신의 체험을 분명하게 그리고 있다. 1938년 성주간에 그녀는 어머니와 솔렘 수도원의 전례에 참석했다. 아름다운 찬송으로 유명한 수도원이었다. 그곳에서 머무는 동안 베이유는 젊은 영국인 사제 한 사람을 만나게 되었다(당시 그는 미국 로즈 장학생이었다). 그는 베이유에게 영국 형이상파 시인 조지 허버트를 소개해 주었다. 그녀는 허버트의 시 「사랑」을 금세 외워 그 후로도 종종 암송했다. 특히 두통이 심할 때마다 이 시를 외웠다. "이 시를 외우고 있을 때면 하느님께서 내 존재를 감싸 안고 계시는 듯하다"(WG 69).

베이유에 대해 얘기할 때 우리는 그녀가 남긴 말의 이면을 통해 그녀의 삶을 엿보려는 경향이 있다. 마치 암호를 해독하려는 듯 애를 쓰기도 하는데 사실 베이유는 그만큼 어렵게 말하지 않았다. 그리스도교와의 만남에 대해 남긴 글들을 통해 그녀의 영성을 두 가지 관점에서 이해할 수 있다.

첫째, 신앙의 본성과 베이유 자신의 생각을 통해 초자연적인 무엇에 관해 이야기하고 있다. 자신의 이성으로는 신앙을 납득할 수 없다는 점을 그녀는 분명히 하고 있다. 훗날 "나는 여전히 반쯤은 거부하고 있다. 사랑이 아닌 이성으로"라고 말한 바 있지만, 그녀는 결코 신앙을 부정한 것이 아니다. 고통 한가운데서도 "사랑하는 이의 얼굴에 피어나는 미소를 읽듯이" 사랑(신)의 현존을 느끼는 사람이었다. 그녀에게 신앙은 지적 영역에 속한 것이 아니었다. 비록 지적으로 심오한 결론을 내리고 있을지라도 지성은 그저 스쳐 지나가는 희미한 빛일 뿐이다. 우리는 지성을 이용하는 것이다. 본디 신의 소유였던 것이 은총을 통해, 선과 사랑을 발견하고 그것에 화답하며 사랑하는 이의 얼굴에서 미소를 읽어 내는 능력으로 우리에게 주어진 것이다.

둘째, 고통은 또 다른 빛으로 등장한다. 선과 사랑은 고통에 패배하지 않는다는 사실을 그녀는 문득 깨달았다. 영혼이 파괴되는 가운데서도 고통받는 신은 현존할 수 있으리라는 인식이기도 하다. 그녀는 「신의 사랑과 고통」이라는 글에서, 십자가에 매달린 예수처럼 신은 고통 안에서 온전히 현존한다고 말한다. 인간이 필연성의 구조를 이해함으로써 그리스도를 체험할 수 있고, 그 체험으로부터 성화될 수 있다는 믿음이 고통을 통해 사라진다는 통찰을 통해, 고통에 대한 베이유의 생각은 변화하게 된다. 사랑을 고대하는 이들을 결코 외면하지 않는 신을 향해 인간이 완전하게 다가갈 수 있는 방식이 바로 고통이다. 고통은 자아의 장막을 걷어 낼 것이다. 신과 우리 사이를 가로막는 자아, 우리 힘만으로는 어찌할 수 없는 자아를 걷어 내게 할 것이다. 베이유는 "그리스도교 정신의 초자연적 위대함은 고통을 치유하기 위함이 아니라 고통 자체를 위해 초자연적 힘을 이용한다는 데 있다"(GG 132)고 말한다.

솔렘 수도원에서의 체험은 베이유의 사상에 일대 전환을 가져왔다. 그때부터 그녀는 정치·사회적인 글뿐만 아니라, 신을 염두에 둔 영적이고 철학적인 글들을 쏟아 내기 시작했다. 그녀의 사상과 인격은 어떤 면으로 더욱 반항적인 색채를 띠게 되었다. 직접적이고 조직적인 정치 활동에서 물러나는 데서부터 회심은 이미 시작되었다. 동시에 그녀가 세상에 실제로 투신하는 방식은 더욱 과격해졌기 때문에 우리는 종종 혼란스럽기도 하다.

히틀러가 프라하를 침공했을 때, 수십 년간 당시의 지식인들이 고수해 오던 평화주의를 베이유는 포기한다. 나치가 파리를 향해 진격해 오자 그녀는 파리를 지키지 못한 데 대해 크게 낙심하고는 부모를 따라 마지못해 마르세유로 피신해 간다. 마르세유에서 새로운 활동에 온전히 자신을 투신한다. 그녀는 동료들과 함께 반나치 운동을 시작한다. 체포나 구금에 대한 두려움 없이 그녀는 전단을 돌리고 수용소를 방문했는데, 체포당해도 별다른 증거가 없었기에 곧 풀

려났다. 철학자 구스타프 티봉의 농장에서 다시 일하게 된 것도 이즈음이었다. 그의 집에서 편안하게 지낼 수 있었음에도 불구하고 그녀는 일부러 낡은 헛간에 머물렀다.

이즈음 베이유가 최전선에서 활동할 간호 부대를 조직하기 시작한 일은 매우 중요하다. 독일 전설에서 영감을 받은 듯한 이 계획은 젊은 처녀들이 최전선에서 간호 활동을 벌임으로써 병사들로 하여금 자신들이 조국과 인민을 위해 싸우고 있다는 사실을 상기시켜 주는 역할을 하도록 하려는 의도였다. 베이유는 젊은 여성들로 구성된 낙하산 간호 부대를 만들고 싶어 했다. 최전선으로 낙하산을 타고 들어가 전장 한가운데서 군인들을 치료하겠다는 계획이었다. 죽음을 각오해야 할 만큼 위험한 일이지만 자유의사와 연민으로 실천함으로써 연합군의 명분의 역할을 할 수 있을 것으로 믿었다. 제아무리 선한 동기로 참여한다 해도 전쟁은 인간의 영혼을 파괴하기 마련이다. 이러한 동참을 통해 명분과 정신을 되살리고자 베이유 스스로 앞장서 걸어 나가려 한 것이다.

그녀는 계획을 실현하기 위해 마르세유를 떠나 부모를 따라 뉴욕으로 향했다. 거기서 프랑스의 전장으로 떠날 생각이었다. 뉴욕에서 잠시 머문 뒤 런던으로 가서 '자유 프랑스' 정부와 접촉한 그녀는 그곳에서 여러 편의 글을 쓰기 시작한다. 전쟁이 끝난 뒤 정부가 프랑스로 복귀한 후 다루어야 할 문제들을 분석한 보고서도 있었다. 방대한 양의 저술이었다. 그 가운데는 정치·사회적 문제에 대한 새롭고도 뛰어난 접근을 다룬 『뿌리내리기』도 포함되어 있다. 이 접근은 두 가지 면에서 주목할 만하다.

첫째, 사회적 활동은 프랑스 혁명 이후 줄곧 그래 왔던 것처럼 권리보다는 의무의 도덕적 범주에 근접해 있다는 것이 베이유의 주장이다. 둘째는 사회적 활동이 과거, 즉 필연성이 지배하는 자연 세계 그 자체에 노동을 통해서 생생하게 뿌리내리고 있다는 사상이다. 이러한 사상을 통해 이제 초기에 그녀를 사로잡았던 주제로 되돌아옴으로써 완전한 하나의 원을 이루게 되었다. 그런데 이제 여기에 신앙의 빛이 더해졌다. 비록 조용한 움직임이기는 했지만 간호 부대 창설 없이는 이 모든 사상과 저술 활동이 그녀에게는 아무 의미 없는 것이었다.

계획은 끝내 실현되지 못했다. 드골은 그녀의 계획을 미친 짓으로 여겼다. 1943년 봄, 베이유의 육체는 마침내 무너지고 만다. 결핵을 앓고 있는 데다가 과로한 탓에 상태가 악화된 것이다. 페니실린이 없던 그 당시 폐결핵 치료에는 휴식과 섭생이 중요했다. 그런데 베이유는 매우 골치 아픈 환자였다. 그녀는 음식을 계급적 산물로 여겨 항상 의식적으로 절제했다. 점령당한 조국 프랑스의 인민을 생각하며 그들만큼만 먹었던 것이다(어떤 의미로 이것은 단식이었다. 그녀는 쓰러지기 전부터 이렇게 살고 있었다. 런던에 도착하기 전에 이미 자신의 병을 알고 있었던 것 같다). 병은 점점 악화되었고, 결국 그녀는

1943년 8월 24일 잉글랜드 켄트 지방의 애쉬포드에서 숨을 거두었다.

우리는 지금 매혹과 거부감을 동시에 불러일으키는 어느 괴짜의 삶(우리에게 익숙한 세상 밖에 살았던)을 보고 있다. 회심 후 그녀의 개인적·종교적 삶에서 그 별남은 더욱 두드러진다. 그러나 한편으로 집중과 명징성이라는 측면에서 볼 때 그녀의 생은 대단히 아름답고 매력적이다. 그녀의 글에서뿐만 아니라 실제 삶에서 이런 아름다움을 발견하기란 어렵지 않다. 구스타프 티봉의 농장에서 일할 당시 베이유는 매일 아침마다 「주님의 기도」를 '극도로 집중하여' 그리스어로 암송했다고 한다. "인식은 두 번째 혹은 세 번째에 이르러 무한대까지 확장된다. 동시에 이 무한대의 무한대 부분을 채우면 거기에는 침묵이 있다. 이 침묵은 소리 없음이 아니라 긍정적 인식의 객체다. 그것은 소리보다 더 긍정적이다. 게다가 이런 암송의 순간이나 또 다른 어떤 순간에 신은 참으로 내게 친밀하게 현존한다"(WG 72).

뉴욕에 있을 때 그녀는 미사에 정기적으로 참석했는데 할렘 가에서 흑인들과 함께 미사를 드리기도 했다. 힘은 비록 없어도 그녀만큼 자유에 대한 열망이 큰 사람들이 그곳에 있었다.

그녀에게 신앙은 기쁨과 승리 이상의 의미는 아니었던 것 같다. 임종을 앞두고 부제였던 친구가 대세를 주려 했으나 그녀는 한사코 거부했다. 그토록 침잠하여 숙고했던 가톨릭 교회의 성체성사를 직접 받아들인 적은 한 번도 없었다. 교회 안으로 들어가지 않은 이유를 그녀는 『영적 자서전』에서 밝히고 있다.

『영적 자서전』은 베이유가 페렝 신부에게 보내는 일련의 편지 글로 구성되어 있다. 도미니코회 사제인 페렝은 마르세유에서 가까워진 사람인데 맹인이었다. 그는 베이유가 우주의 놀라운 은총을 받아들이는 모습에 큰 감동을 받았다. 베이유가 자기 사상의 중심인 고대 그리스에 관해 글을 쓰게 된 것도 페렝 신부의 권유 때문이었다. 그녀는 페렝 신부에게 자신은 교회의 '사회적 특성'을 특히 우려한다고 밝히고 있다. 신에게 집중해야 할 교회의 진정성이 그 거대한 조직 형태에 의해 훼손된다고 보았다. 그 점에 있어 그녀는 더욱 거세게 맞서야 한다고 생각했다. 그러한 교회로 들어간다면 그녀 자신조차 변하게 될 것이라 여겼다.

가톨릭 신자가 되기를 거부하는 또 다른 이유도 있었다. 만약 교회로 들어간다면 교회 밖의 것들을 배신하는 셈이 된다는 것이 이유였다. 교회 밖의 것들이란 고대 그리스 사상뿐만 아니라 다른 영적 전통들도 포함하고 있다. 그녀의 글과 사상은, 그리스도교는 물론이고 『바가바드기타』나 『우파니샤드』 같은 동양 사상들을 아울러 형성되었다. 그녀는 이것들을 결코 포기할 수 없었고, 이러한 외부 사상들을 거부하는 교회를 전체주의라고 비판했다. 그러나 무엇보다도 그녀가 교회를 거부한 결정적 이유는, 신이 그녀를 교회 안에서 원하지 않는다는 믿음에 있었다. 신에 대한 순종은 그녀의 모든 문제의 핵심이었다. 심지어 구원이 자기 발치에 놓여 있더라도 신의 명령이 없다면 결코 집어 들지 않을 것이라고 그녀는 『영적 자서전』에 적고 있다.

이런 점에서 그녀의 불안정한 심성의 한 부분이 분명히 드러난다. 한때 이것은 자부심이었다. 크나큰 망설임인 동시에 위대함으로 나아가려는 욕망이었다. 자아를 추구하는 일종의 만용이었다. 십자가에서 고통받는 예수를 생각할 때 그녀 스스로 인정하기를, 그것은 '질투'였다(이것이 죄라는 것을 그녀도 알고 있었다). 자신을 위해서 베이유는 어떤 일도 하지 않았다. 이런 점은 많은 독자로 하여금 그녀를 신뢰하게 하기보다는 오히려 그 반대의 위험으로 이끈다. 신과 이웃을 완전하게 사랑하기 위해서 우리 자신이 '탈창조'되어야 한다는 베이유의 주장은 (일부의 주장에 따르면) 위험할 뿐만 아니라 마니교적이며 비인간적이기까지 하다는 것이다.

여기서 우리는 어떻게 말할 수 있을까? 베이유가 불순했다고 여기는 사람도 있을 것이다. 그녀의 삶이 비정상적이었다고 볼 수도 있을 것이다. 그러나 이렇게 얕은 관점으로는 베이유의 진정성을 놓칠 수 있다. 그녀는 결코 자신을 모범 사례로 내세우지 않았다. 교회 안으로 들어오기를 거부한 것은 단순한 갈등의 결과가 아니다. 그녀 스스로 부름 받았다고 느낀 것은 사실이었고 그것은 거부할 수 없는 소명이었다. 『영적 자서전』에서 베이유는 '나'라는 표현을 거의 사용하지 않았다. 영적으로 '나'는 아무 위치도 차지하지 않지만 그녀에게 도움이 되는 위치를 일깨우는 실마리가 된다. 자신을 돌보지 않았다고는 하나 그녀는 언제나 진리에 관심을 두고 있었다. 그녀에게 진리는 추상적인 것이 아니라 삶 안에 존재하는 그 무엇이라는 확신이 있었다. '신의 문제'는 냉철하게 멀찍이 떨어져 관망하는 것만으로는 풀릴 수 없고, 오로지 자신을 신에게 내던짐으로써 해결할 수 있다는 사실을 그녀는 깨달았던 것이다.

공장에서 사람들과 접촉함으로써 공장 생활의 진면목을 발견했던 것과 마찬가지로, 삶의 진리와 신에 대한 진리도 오직 접촉을 통해서만 얻을 수 있는 것이었다. 그 접촉이 우리에게 도움이 되는지 아닌지를 따지며 자신의 안위를 걱정하지 않을 때라야 비로소 진실한 접촉은 가능해진다. 그렇게 맞닥뜨리는 진리로 우리는 기꺼이 회심할 수 있어야 한다. 자신의 목적을 위해 진리를 통제할 수 있는 방법을 우리는 알지 못한다. 그러나 베이유는 호된 내적 투쟁을 통해 이 진리의 중요성을 발견한 것이다.

이것이 그녀가 인간에 대한 모든 관념을 끌어당기는 피뢰침이 되는 까닭이다. 그녀의 관심은 생의 진리에 있었다. 우리는 이 점을 좀 다르게 볼 것이다. 자아에 대한 현대적 관점은 권리와 개인적 발전의 개념으로 대체되었다. 우리는 종종 타인이 우리에게 기대하는 바에 부응하여 우리가 무엇을 할 수 있고 또 무엇을 해야 하는가 하는 관점에서 자신을 바라본다. 더 나쁜 것은 자기 확신이라는 우상숭배적 관점이다. 이것은 아주 뻔하고 천박한 관점이다. 그런데 우리는 이것을 인간 정의에 대한 인식의 성장이라는 그럴싸한 비유로 해석하려는 경향이 있다. 그렇게 우리 스스로 힘을 키우고 그 힘을 나눔으로써 인류의 선을 발견하게 된다고 믿는 것이다. 자본주의 경제체제가 도덕적이고 영적인 자아를 위해 만들어졌다고 믿으려 한다. 생산과 경쟁을 증진시킴으로써 가난한 이들을 도울 수 있다고 생각하는 것과 마찬가지로, 우리 모두가 저마다의 힘을 증진시킴으로써 도덕적으로 융성해질 수 있다고 믿는 것이다.

힘 있는 자아는 자유와 자율성을 지닌 존재다. 그것이 바로 우리가 완전한 인간임을 의미하는 것으로 편협한 이기심과는 분명 다르다. 정의는 보편적 권한 분산과 자기 결단이 있을 때 성취되는 것이다.

베이유가 자유와 자율성을 유지하는 데 자신의 힘과 재능을 사용하지 않고 그 힘을 발전시키기를 거부했다는 점에서 우리는 그녀가 스스로를 파괴했다고 여긴다. 그녀의 죽음이 크나큰 상실로 느껴진다. 그녀 자신에게는 물론이고 그녀로 인해 도덕적 혜택을 제공받을 수 있었을 그 누군가를 위해서도 그렇다.

하지만 고통이 그녀에게 보여 준 것이 무엇인지 잘 살펴본다면 우리는 그녀를 이해할 수 있을 것이다. 이것은 그저 단순한 시스템의 문제가 아니다. 물론 그 당시 공장을 비롯한 많은 조직이 고통을 양산해 낸 것은 사실이다. 인간의 영혼은 연약하여 부서지기 쉬운 것이다. 그러나 억압(자기 역량의 억제)과 부정 가운데서도 우리는 온전하고 고결하게 남을 수 있다. 문제는 (베이유가 초기 글에서 밝힌 바와 같이) 체제를 개혁하는 것이다. 고통은 영혼을 쥐락펴락할 수 있다.

베이유가 「신의 사랑과 고통」에서 분명히 밝히고 있듯이, 육체적 고통을 포함해서 고통이란 대개 사회적 모욕의 문제다. 자신을 포함한 누군가로부터 더 이상 주목받지 못한다는 사실을 인식하는 것이다. 여기서 약자들은 힘을 가질 수 없다. 인간 사이에서 인간적 힘을 휘두르는 사람은 살아남을 수 없다.

힘은 그 자체로 영혼을 불태워 버린다. 힘은 더 이상 인간을 스스로의 주인이 아닌 타인의 대상으로 만들어 버린다. 우리 자신은 타인들 사이에서 행동하는 자아, 타인들이 우리의 행동을 존중하도록 요구하는 자아다. 그런데 고통받는 이들은 더 이상 자신의 행동을 통제하지 못한다. 그들은 더 이상 일관된 계획으로 인간적 힘을 집중시킬 수 없다. 더 이상 효율적으로 누군가에게 영향을 끼치지도 못한다. 고통은 불시에 닥쳐오는 것이기에 고통받는 이들은 그 까닭을 알 수 없다. 마음으로 이해할 수 없고 이 상황을 받아들일 방법을 찾을 길이 없다. 세상은 혼돈스럽고 의미 없고 위험한 곳으로 느껴진다. 희망은 사라지고 고통당하는 이들은 스스로를 증오하는 것이 불가피해진다.

아무리 좋은 의미라도 '자력화'라는 말은 문제를 더 악화시킬 뿐이다. 고통당하는 이들은 우리의 동정과 우리 자신의 이미지, 우리 자신의 도덕적 자력화의 수단이 되며 그들도 그것을 인식하고 있다. 영혼을 파멸로부터 구하는 한 방도로써 고통의 가능성과 '자력화'의 불가능성을 거론하는 것은 베이유에게 인간과 정의를 현대적으로 어떻게 해석할 수 있을 것인가 하는 현실적 문제를 제기했다. 또한 우리가 자력화로부터 취하곤 하는 행복감과 충만감은 완벽한 덕성과는 개념적으로 다른 것이다. 그것은 거짓 왕국이다. 베이유에게 필연성과 선은 별개의 것으로 필연성이 선을 만들어 낼 수는 없다. 만약 고통이 없다면 지금 있는 곳을 천국으로 여길 것이라고 그녀는 말했다. 그것은 끔찍한 가정이다. 우리의 고뇌를 해결해 줄 수단에 불과한 하나의 가능성에 매달려 선을 추구하며 살아간다는 것, 그렇다면 대안은 어디 있는가? 어디에 완전한 사랑과 정의가 있는가?

그것은 예수의 십자가를 통한 신의 사랑이다. 그 사랑과 고통에서 우리는 진리의 순교자 혹은 질시 때문에 처형당하는 영광의 왕이 아니라, 십자가에 못 박힌 예수 그리스도 자체를 보아야 한다고 베이유는 주장한다. 그녀에게 예수는 순수하게 고통받는 존재다. 예수는 고통 가득한 세상과 아버지에 대한 사랑에 자신의 운명을 맡겼다. 비록 버림받았지만 예수는 이것을 아버지의 뜻으로 받아들였고 결코 사랑할 수 없을 것 같은 상황에서조차 사랑하기를 멈추지 않았다. 마음에 분노를 담아 두지도 않았다. 하늘에 계신 아버지와 지상에 버려진 아들 사이에, 그리고 충만과 공허 사이에 궁극적으로 완전한 사랑의 끈이 이어져 있다고 베이유는 말한다.

예수의 사랑은 세상에 대한 신의 사랑의 현존이다. 고통이 궁극의 악은 아니라는 사실을 증명하는 것이기도 하다. 예수는 우리가 고통을 어떻게 극복해 가야 하는가를 보여주는 단순한 본보기가 아니다. 공허를 받아들임으로써 예수는 고통을 극복했다. 보잘것없는 인간 존재를 받아들임으로써 세상에 생명을 준 것이다. 이제 필연성은 적대적인 그 무엇이 아니다. 플라톤의 표현대로 '선에 의해 설복당한' 예수의 자아 비움은 생명을 위한 것이다. 자기가 아니라 다른 이의 생명을 위한 것이다. 사랑이 권력을 누르고 사심 없는 마음이 자율성을 누를 때 그것이 우리 안에 있는 예수의 사랑이며 우리 영혼이다.

예수 그리스도의 십자가 죽음이 완전한 사랑과 정의의 패러다임을 제공함으로써 인간 생명이 신적 생명의 모든 단계에서 살아갈 수 있게 되는 것, 이것이야말로 베이유를 이해하는 단 하나의 열쇠가 된다. 필연성의 밀고 당김으로 생성된 자아가 완전히 탈창조될 때 고통 안에서 완벽한 사랑을 진술하는 것이 가능해진다. 신과 인간 사이를 그 무엇도 가로막지 않을 때 신의 사랑은 온전히 현존할 수 있다. 더구나 베이유는 그 패러다임을 창조에 적용한다. 신은 세상을 창조함에 있어 힘을 사용하지 않는다. 신은 세상의 질서 안에서 모든 존재를 포기한다.

예수의 자기 비움과 자신을 내주는 사랑은 충만한 기쁨에서 비움의 고통에 이르기까지 삶의 모든 단계에 함께하고 있다는 사실을 이해하는 것은 중요하다. 우리가 완전히 탈창조될 때만 신을 사랑하는 것은 아니다. 베이유는 '신의 사랑의 함축 형태'를 제시한다.

> "너의 주님을 사랑하라"는 계명이 우리에게 내려온 이래 가리어진 신이 미래의 신부의 손을 잡기 위해 다가올 때 받아들이거나 거절할 수 있는 사랑, 만남을 지속시키는 사랑을 생각하게 된다. 여기에 영원한 의무가 함축되어 있다. 이러한 사랑은 그 자체로 신을 가지지 못한다. 신은 영혼 안에 현존하지 않으며 이제껏 그랬던 적이 없다. 그러므로 다른 대상이 있어야 신의 사랑의 운명이 결정된다. 이것은 간접적이고 비유적인 신의 사랑이다(WG 137).

신의 사랑에 대한 비유(이웃에 대한 사랑, 세상의 아름다움에 대한 사랑, 종교 의식에 대한 사랑) 안에서 신은 비밀스레 현존한다. 신의 사랑을 만드는 것은 인간의 행동으로써 자신을 지키거나 보존하는 것이 아니다. 타인, 친구, 자연, 그리고 성체 안에 현존하는 신에 이르기까지 자신을 여는 행위에 의해서 가능해질 뿐이다.

예를 들어 우리가 타인에게 집중할 때, 자신의 이익과 계획이 제 스스로 발현할 때까지 놓아둘 때 신의 사랑은 우리 안에서 강생한다. 이것이 바로 고통받는 이들에게 삶을 되돌려 주는 유일한 방법이다. 자율성을 포기함으로써 그 안에 생명이 다시 살아나게 하는 것이다.

선이 지배하는 세상의 질서에 따르는 과학이 기계문명을 대체하게 될 때, 그리고 과학이 권력에 맹종하지 않으며 세상의 아름다움에 대해 숙고할 때 이 세상의 아름다움은 드러난다. 이런 무조건적 사랑은 충일한 영혼과 성체의 덕성을 지닌다고 베이유는 말한다. 신이 영혼 안에 완전히 현존할 때 사랑은 사라지지 않는다. "사랑은 무한히 강해지고 모든 사랑은 단 하나의 사랑으로 결합한다"(WG 138).

이 패러다임은 베이유 후기의 정치 사상에서도 드러난다. 권리 개념이 의무 개념의 정치적 정의로 대체됨에 따라 베이유는 정치적 정의를 이성적으로 균형 잡힌 권력(사적이든 공적이든 간에) 집중의 문제로뿐만 아니라 직접적 인간 개입에 의해 균형 잡힌 정치적 정의의 문제로 만들고자 고심했다. 이 개입은 타인의 동의를 구하려는 것일 뿐 위협은 결코 아니었다. 그녀는 이것을 일종의 비개인적 정의라고 불렀는데 추상적 의미에서가 아니라 우리가 흔히 개인적이라고 칭하는 의미에서다. 타인을 진지하게 대하기 위해서는 비개인적이어야 할 필요가 있다. 그녀는 우리에게 개개인을 진지하게 대하는 것의 의미를 전하고 있는 것이다.

콜로새서에서 사도 바오로는 '낡은 자아를 벗는 것'과 '새로운 자아를 입는 것, 즉 창조주의 이미지에 따른 지식으로 새롭게 되는 것'에 대해서 말하고 있다. 새로운 자아는 '신 안에, 예수 안에 숨어 있는 자아'로서 궁극적으로 묵은 자아를 벗어 낸 결과물이다. 유사한 의미에서 베이유의 탈창조 역시 자아 파괴를 의미하는 것이 아니다. 새것을 받아들이기 위해 낡은 것을 벗어 버리는 것이다. 인간 행동의 새로운 중심을 발견하는 것이다. 여기서 베이유는 토마스 머튼 같은 20세기의 다른 영적 지도자와 궤로를 같이한다. 물론 그녀가 낡은 자아를 대하는 방식이 훨씬 덜 너그럽기는 하다. 우리의 자기기만과 낡은 것을 은근슬쩍 '새것'이라 부르려는 시도를 베이유만큼 잘 꿰뚫어 본 사람은 없었다.

자기기만의 유혹은 아마도 크나큰 우려의 뿌리가 되었을 것이다. 바오로 같은 이들과 마찬가지로 베이유에게도 창조주의 이미지 안에 있는 새로운 자아는 대단히 중요한 것이었다. 그녀에게 그 이미지는 다른 이들의 생명을 위해 자신의 힘을 포기한 예수의 이미지였다.

...

베이유 전집이 출판됨으로써 그녀의 작품은 총 열다섯 권이 되었다. 그토록 젊은 나이에 세상을 떠난 데 비추어 볼 때 방대한 양이라 할 수 있다. 여기 소개된 것은 그중 극히 일부에 불과하다. 독자들에게 글의 선별 원칙을 분명히 해야 할 것 같다. 모두 베이유의 말년 작품들에서 취한 글로 마르세유에서 지내던 당시의 에세이들이다. 연대기순으로 엮은 것이 아니므로 어떤 순서로 읽어도 좋다. 다만 그녀의 사상에서 중요한 논점들을 발전시켜 나가는 순서로 배열했음을 밝힌다. 순서대로 읽어 나간다면 베이유 사상의 발전 방향을 (개념에서 시작해 그 적용에 이르기까지) 엿보는 데 도움이 될 것이다. 따라서 1장은 '신의 사랑'으로 시작한다. 그녀의 영성을 보여 주는 단 한 편의 글을 고르라면 「신의 사랑과 고통」을 택할 것이다. 다른 짧은 글들과 조에 부스케에게 보낸 편지는 이 글의 논점을 확장시킨 것이다. 베이유의 노트에서 나온 글들은 이 에세이에서 드러나는 주제에 관해 약간 부연한 내용들이다. '필연성'과 '선'의 관계에 대해 간략하게 그 개념을 제공하는 글들이다.

2장에서는 종교의 본성에 대한 베이유의 주요 사상을 집중적으로 보여 준다. 초자연의 본성과 신비, 신앙의 본성을 다루면서 그녀가 수행한 개념적 논증을 정리하여 모은 글들이다. 그녀는 사회적 삶과 정의의 문제에 관한 우려의 고삐를 결코 늦추지 않았다.

3장에는 정의에 대한 그녀의 감성을 이해하는 데 중요한 글들을 포함시켰다. 바람직한 사회 지도자를 위해 그녀가 제안하려 했던 '신조'도 담겨 있다. 문화적 집합체로서의 인간 본성과, 정의에는 실증이 필요하다고 여긴 맥락들을 이해하는 데 도움이 될 것이다.

    여러 글이 모여 완성된 이 책을 통해 베이유가 '어떻게' 생각하고 글을 썼는지 독자들이 포괄적으로 바라보게 되기를 희망한다. 그녀는 '나'라는 말을 거의 쓰지 않았다. 그녀 사상의 성격을 드러내 주는 일면이라 하겠다.

프롤로그

이 글은 두 개의 판본이 있다. 하나는 '책을 시작하며', 다른 하나는 '서문'이라는 제목을 달고 있다. 이 글이 베이유의 실제 경험인지 아닌지에 대해서는 의견이 분분하다. 허버트의 시, 「사랑」과 매우 유사한 내용이다.

내 방에 들어온 그가 말했다.
"너 가련한 존재여, 아무것도 모르고 아무것도 이해하지 못하는 그대여, 나와 함께 가자꾸나. 너는 상상조차 못한 것들을 가르쳐 주마."
  나는 그를 따라갔다. 그는 나를 교회로 데려갔다. 낯설고 이상한 곳이었다. 제단 앞으로 나를 데려간 그는 말했다.

"무릎을 꿇어라."

"저는 세례를 받지 않았습니다."

"이 자리에서 사랑의 마음으로 엎드려라. 진리를 발견한 장소에서 그랬던 것처럼."

나는 그의 말대로 했다.

밖으로 나온 우리는 창문이 열린 어느 다락으로 올라갔다. 창밖으로 시내 전체와 공사장 외벽 사닥다리가 보였다. 강가에서 배들이 짐을 부리고 있었다.

다락 안에는 책상 하나와 의자 두 개가 있었다. 그는 나를 앉혔다.

우리 둘뿐이었다. 그가 입을 열었다. 잠시 누군가 들어왔다가 대화에 끼어들기도 했지만 이내 그들은 떠나갔다.

겨울은 아니었다. 그러나 봄이 벌써 온 것도 아니었다. 나뭇가지에는 아직 움이 트지 않았고 밖은 추웠고 태양이 비추고 있었다.

햇빛이 지붕 꼭대기에 머물다가 엷어지곤 했다. 그러고는 달빛이, 또 별빛이 창문으로 쏟아져 들어왔다. 다시 아침 해가 솟아올랐다.

그는 가끔 조용히 선반에서 빵을 꺼내 왔다. 우리는 빵을 나눠 먹었다. 진실로 빵다운 맛을 가진 빵이었다. 그 후로는 그런 빵을 맛보지 못했다.

우리는 함께 포도주를 마셨다. 포도주에서는 태양의 맛과 도시를 일군 대지의 맛이 났다.

때때로 우리는 다락 바닥에 드러눕곤 했다. 달콤한 잠에 빠져 들었다가는 다시 일어나 햇빛을 받아 마셨다.

내게 가르쳐 주마고 했던 것을 그는 아무것도 가르쳐 주지 않았다. 우리는 오랜 친구처럼 덤덤한 마음으로 모든 것에 대해 이야기를 나누었다.

어느 날 그가 말했다. "이제 가거라."

나는 무릎을 꿇었다. 두 팔을 그의 다리에 감고 나를 쫓아내지 말아 달라고 애원했다. 그러나 그는 나를 계단 밑으로 떼밀었고 놀란 나는 가슴이 찢어지는 것만 같았다. 거리를 헤맸지만 그 집이 어디 있는지조차 알 수 없었다.

다시는 그를 만나려는 시도조차 하지 않았다. 그가 나를 찾아온 것은 실수였다고 생각한다. 내가 있을 곳은 그 다락이 아니었다. 나는 아무 곳에나 있을 수 있었다. 감옥, 부자들의 호화로운 거실, 기차역 대합실 … 어디든 상관없었다. 다만 그 다락은 아니었다.

그가 내게 한 말들을 한동안 두려움과 떨림으로 되뇌지 않을 수 없었다. 그런데 내가 정확하게 기억하고 있다고 과연 확신할 수 있을까? 그는 이제 내 옆에 없다.

나는 그가 나를 사랑하지 않는다는 것을 잘 알고 있다. 어떻게 나를 사랑할 수 있겠는가? 하지만 여전히 내 안의 저 깊은 곳에서 내 존재의 작은 조각이, 내내 두려움에 떨면서도, 생각하지 않을 수 없다. 그럼에도 불구하고 어쩌면 그는 나를 사랑하고 있을 것이라고(CS 9-10).

I

신의 사랑

사랑이 나에게 어서 오라 말하나

내 영혼은 뒷걸음치니

내 죄와 허물 탓이라네

하지만 명민한 사랑은

시작부터 꾸물거리는 나를 내려다보며

가까이 다가와 다정한 목소리로

무엇을 바라는지 묻고 있네

내가 대답하네

여기에 손님으로 어울리지 않아요

사랑이 말하네

네가 곧 그리 되리니
나, 아무 가치도 없는 내가?
오, 사랑하는 이시여
나는 감히 당신을 쳐다볼 수 없어요
사랑은 내 손을 잡고 미소로 답하네
나 아닌 누가 그 눈을 만들어 주었지?

진리이신 주님,
내가 두 눈을 망쳤어요
내 부끄러움이 마땅히 가야 할 곳으로 가게 내버려 두세요
사랑이 말하네
그 죄를 누가 지고 갔는지 너는 알고 있단다
내 사랑, 그렇다면 복종하지요
사랑이 말하네
이리 앉아 내 살을 먹어라
나는 자리에 앉아 받아먹었다

- 「사랑」, 조지 허버트(1593~1633)

조에 부스케에게

조에 부스케는 제1차 세계대전에서 척추를 다쳐 하반신이 마비되었다. 런던에 살면서 늘 침대 생활을 해야 하는 그를 베이유는 1942년에 알게 되었다. 베이유가 그에게 느낀 깊은 우정이 편지에 잘 드러나 있다. 그녀가 드물게 자신의 체험에 대해 말하는 글이다.

1942년 5월 12일 마르세유

친애하는 벗에게

무엇보다 먼저, 나를 위로해 주신 데 대해 감사드립니다. 과연 당신의 편지가 큰 도움이 되었습니다. 비단 나뿐만 아니라 나를 통해서 다른 이들도 위로를 받으리라 생각합니다. 당신의 어린 형제들에게도 마찬가지일 것입니다. 당신에게 더할 나위 없이 소중한 존재들임에 분명한 그들에게도 당신과 같은 운명이 닥쳤으니까요. 죽음을 앞둔 이들에게도 당신은 분명 위안이 될 것입니다.

이러한 현실 속에서 당신은 특별한 은혜를 입은 사람입니다. 지금 이 순간도 서로 상처 입히고 죽이고 죽어 가는 사람들보다 당신은 행복합니다. 그들은 모르고 있습니다. 자기가 어디에 있는지, 지금 무슨 일이 일어나고 있는지, 그리고 지금 상황에 적절한 생각을 그들은 하지 못합니다.

예를 하나 들어 볼까요. 소수의 어떤 이에게는 처한 상황이 혼란스런 악몽이지요. 그리고 다수의 사람에게 그것은 희미한 장막 같은 것입니다. 극장 무대에 드리운 장막 말입니다. 양쪽 모두 비현실적인 경우이지요.

지난 이십 년간 당신은, 수많은 사람을 들었다 놓았다 하는, 그리고 당신을 단단히 붙잡고 있는 운명에 대해 생각해 왔지요. 그 운명이 이제 수백만 사람에게 덮쳐 오고 있습니다. 다시 말하면 당신은 이제 그것에 대해 제대로 생각할 때가 되었습니다. 혹시 당신이 아직 준비가 되지 않았더라도 (저는 그렇게 생각하지 않습니다만) 당신은 아주 얇은 껍질이나마 가지고 있습니다. 어두운 알 속에서 진리의 빛을 만나기 위해 깨야 하는 얇은 껍질 말입니다.

그것은 아주 오래전부터 전해 내려온 이미지입니다. 알은 우리가 보는 세상입니다. 그 안에 있는 새는 사랑이지요. 신 그 자체인 사랑, 그리고 모든 사람의 마음 깊숙한 곳에 거하시는 사랑입니다. 껍질이 깨지고 존재가 놓여나는 순간에도 알은 변함없이 세상 가운데 있습니다. 그러나 존재는 더 이상 그 안에 없습니다. 한구석에 가련한 육체를 남겨 놓은 채 영혼은 바깥 어느 한곳으로 옮겨 갔습니다. 거기에는 어떤 관점이나 전망도 없습니다. 그러나 바로 그 시점에서부터 세상은 있는 그대로 보이면서 혼돈스럽지 않게 되지요. 알 속에 있던 때와 비교해 보건대 공간은 무한대로 보이지요. 그 순간은 고요하게 정지되어 있습니다. 공간 전체를 가득 채운 아주 농밀한 고요입니다. 그것은 소리의 부재가 아니라 감성의 긍정적 충만이자 비밀의 언어입니다. 태초부터 팔에 우리를 안고 있는 그분, 사랑이신 그분의 말입니다.

당신은 껍질에서 나오면서 전쟁의 현실을 알게 되었습니다. 그것은 중대한 현실이지요. 전쟁은 비현실 그 자체니까요. 전쟁의 현실을 안다는 것은 피타고라스의 조화이고 양극의 일치입니다. 현실의 다층적 지식입니다. 이 점이 바로 당신이 특은을 입고 있는 이유입니다. 당신의 육체는 전쟁을 당신 안에 가두고 있습니다. 스스로 무르익어 알게 될 때까지 충실한 인내 속에 오랜 세월 기다리고 있습니다.

지금 쓰러져 가는 사람들은 보잘것없는 방황 속에서 생각을 주워 담을 시간이 없었습니다. 자신들의 운명에 대해 생각해 볼 시간도 없었습니다. 전쟁터에서 무사히 돌아온 사람들조차도 과거를 망각 속에 가두어 버렸습니다. 언뜻 기억하고 있는 것처럼 보여도 그들은 사실 잊었습니다. 전쟁은 고통이니까요. 누군가의 생각을 자발적으로 고통으로 향하도록 하는 것은, 길들이지 않은 개를 불길 속으로 몰아넣어 타 죽게 하는 것과 같습니다. 우리는 육신을 지닌 채 그 안에서 고통을 품고 있어야 합니다. 오랜 시간을 두고 깊은 못을 들여다보듯이 고통을 충분히 주시해야 합니다. 고통을 피상적으로 바라보는 것은 육체와 영혼을 방치하는 것입니다. 육체와 영혼은 하나로 관통되며 한 점에 고정되어 있어야 합니다.

고통에는 언제나 강요된 부동성이 있습니다. 이런 점에서 영혼은 항상 단조롭고 날카로우며 뒤엉킨 고통 속에 있습니다. 이 부동성을 통해 영혼 안에 있는 신의 사랑의 작은 씨앗은 서서히 자라나 인내 속에서 열매 맺을 수 있습니다. '휘포메네'$ὑπομενῇ$는 가스펠이 표현하는 천상의 아름다움입니다. 번역가들은 '인내, 순종'(patientia)이라 말합니다. 그러나 '휘포메네인'$ὑπομένειν$은 좀 다른 것이지요. 그것은 존재가 있는 곳, 외부의 어떤 충격에도 흔들리지 않는 곳에 '머묾'을 의미합니다. 세상 자체가 고통인 시대에 그 고통을 자신의 육체로 받아들인 이들은 행운아입니다. 그들은 세상의 고통의 진리를 알게 되고 그 실상을 숙고할 수 있는 기회와 능력을 얻게 되는 것입니다. 이것이 바로 속죄입니다. 스무 세기 전 로마제국 노예들은 그 시대의 고통이었습니다. 예수의 십자가 죽음은 바로 그 고통의 극한의 표현이었습니다.

아, 그러나 이런 기회를 제대로 활용하지 못하는 사람들이 있습니다. 당신이 선과 악의 차이를 느끼지 못한다고 말할 때, 당신의 말이 진실하지 못해서 당신 안에 있는 다른 사람, 당신 안에 있는 악이 분명한 그 사람에게 말하고 있기 때문에 — 당신은 아주 잘 알고 있지요. 설사 어떤 의심이 있더라도 조심스럽게 살펴봄으로써 그것을 대부분 쫓아 버릴 수 있지요 — 당신의 생각과 말과 행동이 당신의 자비로 당신 안에 있는 다른 사람을 강하게 만들고, 또 다른 누군가의 자비로 그의 안에 있는 당신을 강하게 만든다는 사실을 잘 깨닫고 있습니다. 당신은 아직 선과 악의 뚜렷한 차이를 인식하는 데 동의하지 않는 것입니다.

주는 것에 동의하기란 쉽지가 않습니다. 그것은 사람을 돌이킬 수 없게 구속하는 것이니까요. 선의 측면에서 고찰할 때, 영혼에는 일종의 처녀성이 있습니다. 영혼이 일단 동의해 버리면 그것은 영원한 상실을 의미하는 것입니다. 마치 한 남자에게 정복당하고 나면 여인의 처녀성이 상실되는 것처럼 말이지요. 그 여인이 정절을 지키지 못했거나 간음을 했을 수도 있겠지요. 그러나 그녀는 결코 다시는 처녀가 될 수 없습니다. 그래서 여인은 정복당하는 순간 두려워하는 것입니다. 하지만 사랑은 모든 두려움을 이겨 냅니다.

인간에게는 시간 안의 어느 한 점, 그 자신을 포함하여 그 누구에게도 알려지지 않은 절대적으로 고정된 한계가 있습니다. 영혼이 이 처녀성을 지키지 못하는 것을 넘어서는 것이지요. 만약 이 순간까지도 선에 의해 소유되는 것에 동의하지 않는다면 그 즉시 악에 의해 소유되어 버릴 것입니다.

어느 한순간 우리는 악에게 자신을 내줄 수 있습니다. 영혼으로 침입하는 외부의 권위를 인정하는 것을 알아차리지 못한 채 악에게 양보하기 때문입니다. 악에게 처녀성을 내주기 전에 영혼은 마취제로 스스로를 취하게 합니다. 악에 의해 소유되는 것은 동의를 얻을 필요가 없습니다. 그러나 선은 영혼이 동의하기 전까지는 결코 영혼을 소유하지 않습니다. 결합을 완성시키는 순간의 두려움도 그러합니다. 영혼은 선에 동의할 힘을 가지고 있지 않습니다. 영혼의 영원한 운명을 결정할 시한에 쫓겨 황급하게 강요당하지 않는 이상 말이지요. 어떤 사람에게 이 시한은 다섯 살 때 찾아올지 모르고, 다른 이에게는 예순 살이 될 수도 있습니다. 언제라도 가능합니다. 이 축 안에서 동시적이고 영원한 선택은 굴절된 것으로 보일 수 있습니다. 시한에 도달하기도 전에 오랫동안 악에 정복당한 사람들에게 이 순간은 더 이상 현실이 아니기 때문입니다. 대부분의 인간이 할 수 있는 것이란 선에게 "예"라고 말할 수 있는 능력을 안전하게 보호하는 일입니다. 그 시한이 다가오기 전까지 말이지요.

내게 확실하게 보이는 것은 당신에게 그 시한은 아직 다가오지 않았다는 것입니다. 저는 사람의 마음을 보는 능력이 부족하지만 그리 멀지는 않아 보입니다. 선에 동의할 수 있는 당신의 능력은 아직 건재합니다.

선에 동의할 때 당신은 껍질을 깰 것이라고 생각합니다. 간격을 두고 분명히, 아주 짧게 말이지요. 당신은 그 바깥쪽에 있게 됩니다. 그리고 당신의 육체를 관통한 탄환과 그 탄환을 움직인 온 우주를 이해하게 될 것입니다.

지성은 신에게 결혼 서약을 준비하는 한 부분입니다. 자신 안에서 악을 바라보고 그것을 증오하는 것입니다. 악을 제거하려 하기보다는 그저 바라보고 거부하기까지 시선을 고정하는 것이지요. 그 반대로 "예"라고 답하기까지라도 그러합니다.

악의 뿌리는 모든 이에게, 특히 실제적으로 고통당하고 있는 이들에게 백일몽이 되기도 합니다. 그것은 온전한 위안입니다. 고통받는 이의 유일한 위안이지요. 고통받는 이들이 두려운 시간의 무게를 견디도록 도와주는 위로가 됩니다. 또한 순결하고 불가결한 것이기도 합니다. 그러니 어떻게 그것을 포기할 수 있겠습니까? 거기에는 오직 한 가지 단점이 있습니다. 비현실적이라는 점이지요. 진리의 사랑을 위해 그것을 포기하는 것은 진실로 모든 소유를 포기하는 것입니다. 사랑의 극한 수위를 넘어 진리로 드러난 그를 따르기 위한 것이자 진실로 십자가를 지는 것입니다.

아직 시한이 많이 남아 있을 때는 별 소용이 없습니다. 하지만 꿈을 인식하는 일은 중요합니다. 우리는 결코 잊어서는 안 됩니다. 그때까지는 모든 것이 거짓이며 사랑을 배제합니다. 사랑은 진실하기 때문입니다.

당신이 어떻게 받아들이실지 나는 모릅니다. 이런 생각은 나 자신에게서 나온 것이 아닙니다. 그러나 나는 감동과 의지와 진심을 가지고 있습니다. 나를 통해서 신은 이 모든 것을 당신에게 말하고 있습니다. 신성한 빵이 가장 질 나쁜 밀가루로 만들어졌다 해도 문제 되지 않습니다.

당신은 내가 나 자신을 불신함으로써 나의 도덕적 수준에 대한 대가를 치렀다고 말합니다. 증오와 반항의 혼합인 나 자신의 태도는 낮은 차원에서 설명될 수 있습니다. 십이 년간 나는 중추신경에 고통을 겪어 왔습니다. 영혼과 육체의 합일점이지요. 이 고통은 잠자는 중에도 계속되고 잠시도 멈추지 않았습니다. 십 년간은 아주 심했지요. 그리고 기진맥진했습니다. 지적 작업을 위한 노력은 처형 바로 전날의 사형수만큼이나 절박한 것이었습니다. 가끔은 그보다 심했지요. 나의 노력은 완전히 쓸모없는 듯 보였습니다. 그리고 조금의 성과도 없었습니다. 열네 살 때 얻은 신앙에 의해 버티었지요. 비록 직간접적으로 어떤 가시적 성과를 이루진 못했다 하더라도 진실한 노력을 허비한 것은 아닙니다.

그럼에도 불구하고 내 영혼이 위험에 처했다고 생각되었을 때 그 시간이 왔습니다. 소모적 고통은 더욱 악화되었고 아주 끔찍스럽게 완전히 무너졌다고 생각되었을 때 그것은 다가왔습니다. 죽음이 내가 피할 수 없는 의무가 아닌지 조바심을 내며 몇 주를 보냈습니다. 나의 삶이 공포 속에서 끝나리라는 끔찍함을 맛보았지만 이미 당신에게 말한 것처럼 그저 조건부로 잠시 살기로 나 자신을 진정시킬 수밖에 없었습니다.

그보다 더 전에 이런 몸 상태로 약 일 년간 파리의 자동차 공장에서 일한 적이 있습니다. 이 개인적 체험과 가난한 민중에 대한 동정심으로 나는 항복했지요. 로마제국의 노예와 같은 고통이 내 가슴 깊숙이 자리 잡았습니다.

이 기간 동안 신이라는 단어는 내 생각 안에 자리를 차지할 수가 없었습니다. 그날(아마 삼 년 육 개월 전일 것입니다)이 오기 전까지는요. 강렬한 육체적 고통의 순간 내가 그것을 사랑하려고 노력하는 중에, 비록 내게 그 사랑에 대해 이름 붙일 권한도 없고 전혀 준비되어 있지 않았지만(나는 신비주의에 관해 읽은 적이 한 번도 없었습니다) 보다 개인적이고 보다 확실하게, 그리고 생생하게 나는 느꼈습니다. 그것은 감성이나 상상력 따위로 접근이 불가한 것이었지요. 그리고 사랑하는 사람의 가장 아름다운 미소를 비추는 사랑을 닮아 있었습니다. 그때부터 신의 이름과 그리스도의 이름은 점점 더 거부할 수 없이 내 사상 안으로 뒤섞여 들어왔습니다.

그때까지 나의 신앙은 마르쿠스 아우렐리우스가 이해한 것처럼 금욕주의자들이 말하는 조국애였지요. 나는 항상 충실하게 그 사랑을 실천해 왔습니다. 우리의 조국, 모든 영혼이 사랑하는 조국, 조국의 아름다움을 축복하고 국가의 본질인 질서와 필연성의 통합 안에서 일어나는 모든 사건, 이 모든 것을 하나의 우주로 사랑하기 위하여.

그 결과 고통과 통증을 수반하는 증오와 반발이 거세게 나를 덮쳐 왔습니다. 고통은 내 모든 사고의 뿌리, 바로 거기에 자리 잡았습니다.

이것이 바로 그 누구도 내게 우정을 느낄 수 없을 것 같은 그런 경우입니다. 만약 당신에게서 그런 것을 느꼈다면 내가 당신에게 자신감을 느꼈기 때문이고 그에 대해 당신이 나를 안심시켜 주었기 때문입니다. 그리고 내 이성은 그것을 믿으라고 말해 줍니다. 그러나 이로 인해 내가 생각해 온 불가능성의 정도가 줄어들지는 않는 것 같습니다.

내 상상력의 이런 성질 때문에 나는 불가능을 극복하는 모든 이에게 더할 나위 없이 깊이 감사드립니다. 우정은 비교하거나 측량할 수 없는 은혜이자 삶의 원천이기 때문입니다. 비유가 아니라 말 그대로입니다. 내 육체뿐만 아니라 영혼까지 고통으로 물들어 있기 때문에 그 안에 사고가 머무는 것은 불가능합니다. 그래서 다른 어딘가를 떠돌아다녀야 하는 것입니다. 신 안에는 잠시 머물 수 있을 뿐입니다. 종종 사물 안에도 머뭅니다. 어떤 인간적인 것 안에 인간의 사고가 결코 머물지 못하는 것은 자연에 반하는 것입니다. 그러므로 신으로부터 나오는 것이나 세상의 아름다움에서 비롯되는 것과는 별도로 우정이 내 사고에 모든 생명을 불어넣어 주는 것은 말 그대로 진리입니다. 그러니 당신은 당신을 내게 줌으로써 당신이 행한 바가 무엇인지 볼 수 있습니다. 내가 이렇게 말하는 이유는 당신은 이해할 수 있기 때문입니다. 당신의 지난번 책에 당신이 존재하는 사고 안에서 당신 친구가 저지른 실수에 대해 언급한 문장이 있었는데 그 글을 통해서 나 자신을 인식하게 되었습니다.

  그것은 존재를 직접적으로나 지속적으로 하나의 악으로 경험하는 사람들에게는 그저 지성적인 것일 뿐인 감성의 한 전형을 보여 주는 것이었습니다. 그들에게 그것은 그리스도에게 청하고 그들 자신을 부정하는 것처럼 아주 행하기 쉬운 일입니다. 너무나 쉬운 일일 것입니다. 아마도 이득이 없는 일일 것입니다. 아직도 내가 그토록 쉽게 가질 수 있다는 것은 더할 나위 없는 특전이라고 믿습니다. 완벽한 아름다움에 대해 완전하고 순순하게 헌신적일 때, 한 손에는 고통을 다른 한 손에는 기쁨을 들고 순결한 땅에 들어가게 된다고 나는 믿습니다. 거기서 우리는 숨을 쉴 수 있고 진정한 본향을 느낄 수 있습니다. 그러나 불완전의 그림자가 없는 기쁨은 고통을 완전히 위로해 주지 못합니다.

당신은 나를 이해합니다. 십자가의 고통을 통한 그리스도의 구원처럼 고통의 깊은 곳에서 우리를 만져 주는 신의 사랑, 기쁨의 불가해한 핵심인 그 사랑은 위로가 되지 않습니다. 그 사랑은 고통을 그대로 남겨 둡니다.

나는 이제 생각하기에도 고통스러운 그 무엇을 말하고자 합니다. 말하기에는 더욱 고통스럽고, 사랑하는 이에게 말하기에는 더욱 견딜 수 없는 것입니다. 고통 중에 있는 이들에게 악은 아마도 어떠한 위안을 주는 모든 존재로 규정될 수 있을 것입니다. 순수한 기쁨은, 어떤 경우에는 고통으로 대체될 수 있고 다른 경우에는 그 위에 더해질 수도 있을 것입니다. 위안이 아닙니다. 달리 말하자면 우리의 고통을 병적으로 더욱 악화시키는 그 안에 종종 위안이 있다는 것입니다. 내가 이것을 적절히 표현하고 있는지 모르겠습니다. 내게는 확실한 것이지만 말입니다.

게으름과 무력증. 자주, 아니 매일, 아니 거의 매시간 굴복당하는 그 유혹은 특히 위안의 야비한 형태입니다. 그것은 나 자신을 경멸하도록 강요합니다.

아직 할 말이 많습니다만 다른 기회에 해야겠습니다. 오늘은 당신에게 감사하는 것으로 편지를 마쳐야겠습니다.

친애하는 친구
시몬느 베이유

추신: 영시 「사랑」을 동봉합니다. 내가 당신에게 음송해 드렸던 것이지요. 이 시는 내게 아주 큰 의미입니다. 나는 혼자서 이 시를 외우곤 합니다. 신이 내게 처음으로 다가왔을 때 이 시를 외웠지요. 그저 내가 모르고 있던 아름다운 시라고 생각하며 읊조리곤 했는데 이제는 기도가 되었습니다.

신의 사랑과 고통

시몬느 베이유의 에세이 가운데 가장 중요한 글이다. 본디 짧은 글로 출판되었으나 나중에 덧글이 발견되어 포함시켰다. 이 글은 고통에 대해서는 물론, 십자가에 대한 그녀의 이해를 명쾌히 밝힌다. 말년의 생각이 대부분 담겨 있는 글이다.

아픔의 영역에서 고통은, 고유하고 특별한 그 무엇이다. 그것은 단순한 통증과는 분명히 구별되는 것이다. 고통은 영혼을 소유하고 영혼에 표시를 남기며 그것을 통과하고 난

뒤에는 특별한 노예의 흔적을 남긴다. 고대 로마에서 행해진 노예제도는 간단히 말해 고통의 극단적 형태다. 이 문제에 대해 많은 것을 알고 있던 고대인들은 말하곤 했다. "영혼을 잃어버리는 그날, 인간은 바로 노예가 된다."

고통은 육체적 통증과 떨어질 수 없는 것이지만 좀 다른 것이다. 통증을 겪는다는 것은 육체와 밀접하게 관련 있고 뭔가 비유적이며 인위적이고 상상이 가능하기 때문에 적당한 심리적 적응으로 제거될 수 있는 것임을 의미한다. 사랑하는 이의 부재나 죽음의 경우에서조차 슬픔은 육체적 고통과 비슷하여 심장을 쥐어짜는 듯하고 숨쉬기가 곤란하다. 충족되지 않은 욕구나 허기 혹은 생리적 혼동은 야만적 에너지로 방출된다. 그리하여 집착으로 흡수되고 방향을 잃은 채 남겨진다.

그러한 본성의 핵심에 접해 있지 않은 슬픔은 단순한 낭만주의거나 문학일 뿐이다. 육체적 존재에게 모욕 역시 폭력적인 상황이다. 존재는 항거하려 하지만 공포나 무기력에 의해 자제하게 된다.

달리 말하면 통증은 단순히 육체적인 것이라서 고려의 대상이 전혀 아니다. 그리고 영혼에 흔적을 전혀 남기지 않는다. 치통이 한 예다. 아주 고약한 통증을 유발하지만 일단 지나고 나면 아무것도 아니다. 하지만 육체적 통증이 아주 오래가거나 잦다면 그것은 다른 문제가 된다. 다소 차이는 있지만 이것은 종종 고통이 되기도 한다.

고통은 다소 약화된 것이나 죽음의 등가물로서 삶을 뿌리째 뽑아내는 공격으로, 육체적 고통을 즉각적으로 감지한 영혼에 깃들게 된다. 만약 육체적 고통이 전혀 없다면 영혼에 대한 고통도 없을 것이다. 생각은 어느 방향으로든 고개를 돌릴 수 있다. 동물이 죽음을 피해 달아나듯 우리의 생각도 고통으로부터 즉시 달아난다. 여기, 육체적 고통 말고는 그 어떤 것도 우리의 생각을 묶어 둘 힘이 없다. 묘사하기는 힘들지만 어떤 현상을 육체적이고 또 엄밀하게 말해 그것과 같은 정도의 고통이라고 간주한다면 말이다. 특히 예를 들자면 육체적 고통의 공포가 그러하다.

우리 생각이 육체적 고통에 어쩔 수 없이 사로잡혀 있을 때 그것이 아무리 가벼운 것이라 할지라도 고통의 현존을 인식한다. 마치 자기 머리가 잘려 나갈 단두대를 몇 시간 동안 바라보아야 하는 사형수의 마음만큼이나 예민한 심리 상태가 되는 것이다. 인간은 이런 예민한 마음 상태에서 이십 년, 아니 오십 년을 살 수 있다. 그것을 알아차리지 못한 채 지나칠 수도 있다. 그리스도가 그 사람의 눈을 통해 보지 않는 한 그 누가 그것을 구별해 낼 수 있을까? 우리는 그들이 때때로 이상하게 행동한다는 것을 느낄 뿐이다.

삶을 쥐고 뿌리째 뽑아 버리는 사건이 없는 한 진정한 고통은 없다. 정신적·육체적 모든 분야에서 직접적이든 간접적이든 간에 사회적 요인은 필수적이다. 어떤 형태로든 사회적 격하나 그에 따른 공포 없이는 진정한 고통도 없다. 거기에는 연속되거나 분리되는 시발점이 있다. 물의 비등점처럼, 고통 그 자체와 슬픔은 매우 폭력적일 수 있으며 또 깊고 영속적이지만 진정한 의미에서의 고통은 아니다. 거기에는 한계가 있다. 그 한계에 가깝지는 않더라도 우리는 고통을 지니고 있다. 이 한계는 순수하게 객관적이지는 않다. 같은 사건일지라도 어떤 사람에게는 고통인 것이 다른 사람에게는 그렇지 않을 수 있다.

인생의 가장 큰 불가사의는 통증이 아니라 고통이다. 죄 없는 이들이 죽임을 당하고, 고문을 당하고, 조국에서 쫓겨나고, 가난해지고, 노예 신분으로 전락하고, 수용소나 감옥에 갇히는 것이 놀라운 일은 아니다. 이런 짓을 저지르는 범죄자는 늘 존재해 왔기 때문이다. 질병이 고통을 지속시키는 것이 놀랄 일은 아니다. 고통으로 삶은 마비되고 죽음의 이미지로 연결되지만 자연은 구조적 필연성에 의해 맹목적으로 작용하기 때문이다. 놀라운 일은 신이 죄 없는 이들의 영혼을 틀어쥐고 주권자로서 그 영혼을 소유하는 힘을 고통에게 주었음에 틀림없다는 사실이다. 고통에 의해 낙인찍힌 자는 그 영혼의 절반이나마 겨우 지키게 될 것이다.

반쯤 짓밟힌 채 땅바닥에서 꿈틀거리는 벌레처럼, 충격을 받은 희생자들은 자기에게 무슨 일이 일어났는지 설명할 수가 없다. 그들이 만나는 사람들 중에서 진정한 의미의 고통과 직면한 적이 없는 사람들(비록 그들이 많은 괴로움을 겪었다 해도)도 그것을 이해하지 못한다. 고통은 다른 무엇과도 비교하여 묘사할 수 없을 만큼 특별한 것이다. 듣고 말하지 못하는 이에게 소리의 개념을 전달해 주지 못하는 것과 마찬가지다. 또 고통에 의해 불구가 된 사람이 제아무리 원한다 하더라도 다른 이들을 도울 수 없는 것과 마찬가지다.

고통받는 이들을 위한 동정은 불가능하다. 그것이 가능하다면 물 위를 걷고 병자를 치료하고 죽은 이를 일으켜 세우는 것보다 더 놀라운 일이 될 것이다.

고통은 예수 그리스도로 하여금 그가 미루고 싶어 했던 탄원을 하고, 인간에게서 위안을 구하고, 자신이 아버지로부터 용서받았다고 믿고 싶게 했다. 고통은 정의로운 인간(인간 본성이 허락하는 한 가장 정의로운 인간)조차 신에게 절규하도록 만들었다. 그리스도만큼이나 역사적인 인물은 아니지만 욥이 아마도 좀 더 그러했을 것이다.

"그분께서는 무죄한 이들의 절망을 비웃으신다네"(욥 9,23). 이 말은 신성모독이 아니라 괴로움에서 터져 나오는 비명이다. 욥기는 처음부터 끝까지 순수한 진리의 경이와 믿음으로 일관한다. 고통으로 말하자면 이러한 형태에서 벗어난 것들은 다소간 거짓이 덧칠된 것이다.

고통은 한동안 신의 부재를 초래한다. 죽음보다 더한 부재, 캄캄한 감옥에서의 불빛의 부재보다 더한 부재가 공포로 우리의 영혼을 엄습한다. 이러한 부재 가운데 우리는 아무것도 사랑할 수 없다. 사랑할 것이라곤 없는 이 어둠 속에서 영혼이 사랑하기를 멈추는 것은 무서운 일이다. 신은 영원히 부재하게 된다. 텅 빈 가운데서도 영혼은 계속해서 사랑하거나 적어도 사랑하기를 원해야 한다. 그것이 제아무리 미미할지라도 말이다. 그러면 어느 날 신은 영혼 안에 자신을 드러내 보일 것이다. 욥의 경우에서처럼 영혼에게 세상의 아름다움을 드러내 보이러 올 것이다. 영혼이 사랑하기를 멈춘다면 그것은 이승에서조차 거의 지옥과 맞먹는 나락으로 떨어지는 것을 의미한다.

고통을 받아들일 준비 없이 고통으로 떨어지는 사람들의 영혼은 그렇게 죽음에 이르게 된다. 반면, 고통이 우리 위에 드리워져 있는 오늘날 영혼에 대해 줄 수 있는 도움이라는 것은 그것이 영혼을 고통 앞에 준비시켜 줄 수 있는 한도 내에서만 효과가 있다. 이것은 작은 문제가 아니다.

고통은 빨갛게 달아오른 못처럼 (논리적으로는 범죄를 유발하지만 실제로는 그렇지 못한) 경멸과 오욕과 자기혐오와 죄책감으로 영혼에 낙인을 찍기 때문에 우리는 낙담하고 용기를 잃게 된다. 악이 자신 안에 있다는 사실을 깨닫지 못하는 범죄자들 가슴에 악은 머문다. 순수하면서도 고통받는 이들의 가슴속에서도 악은 감지된다. 범죄자에게나 어울리는 영혼이 그에게서 떨어져 나와 고통에 달라붙어 버린 것처럼 모든 이에게 모든 일이 일어날 수 있다. 악은 고통받는 이들의 순수함에 적당히 배분된 것처럼 보이기까지 한다.

만약 욥이 절망적인 어조로 자신은 죄가 없다고 소리친다면 그것은 자신이 그렇게 믿을 수 없기 때문이고, 그 안의 영혼이 적의 편에 서 있기 때문이다. 그는 자기 죄의 증거를 신이 보여 주기를 원한다. 스스로는 더 이상 영혼의 증언을 들을 수 없기 때문이다. 그에게는 단지 추상적이고 생명 없는 기억이기 때문이다.

인간은 동물의 본성을 지니고 있다. 닭들은 상처 입은 닭에게 몰려들어 쪼아 대며 공격한다. 마치 중력처럼 자연스러운 현상이다. 우리의 감각은 고통에 부착되어 있다. 모든 경멸과 반박과 증오에 매달려 있다. 신에 의해 영혼을 부여받은 이들을 제외하고는 누구나 고통받는 이들을 경멸한다. 그들이 비록 인식하지는 못하더라도 자신과 비슷하게 고통받는 이들을 경멸하는 것이다.

이 감성의 법칙은 우리 자신에게도 적용된다. 고통받는 이들의 경우 모든 경멸과 반박, 증오는 안으로 고개를 돌린다. 그들 자신의 영혼의 중심을 관통하고 거기서부터 그들은 중독된 자신의 빛으로 세상을 덧칠한다. 만약 초자연적 사랑이 존재한다면, 중독된 빛으로 세상을 왜곡하는 것은 막을 수 있을지 모르지만 애초에 경멸과 반박과 증오가 내부로 향하는 것을 막을 수는 없다. 그 시작이야말로 고통의 본질이며 그것 없이는 고통도 없다.

그리스도는 우리를 위해 저주받은 존재가 되셨다. 나무 기둥에 매달린 그리스도의 육신만 저주받은 것이 아니라 그의 영혼까지 저주받은 것이다. 같은 방식으로 그의 고통 안에 있는 모든 순수한 존재도 자신이 저주받았다고 느낀다.

고통에 처했다가 거기서 빠져나온 이들도 마찬가지다.

　고통의 또 다른 효과는 영혼에 독을 주입시킴으로써 점점 그 영혼을 동반자로 만드는 것이다. 아주 오랫동안 고통을 겪은 이들 누구나 그 자신의 고통과 일종의 공범 관계가 된 듯한 느낌을 가지게 된다. 이 공범은 행운을 위한 그의 노력을 방해한다. 또한 그로 하여금 구원 방법을 모색하거나 구원받고자 마음먹는 것을 방해한다. 그리하여 그는 고통 안에 머물게 되고 사람들에게 그가 고통 속에서 꽤 만족하고 있다는 인상을 주게 될지도 모른다. 더욱 나쁜 것은 이 공범은 그를 구원의 길에서 피해 달아나도록 유혹한다. 그리고 때때로 우스꽝스런 핑계를 댈 것이다. 심지어 고통에서 풀려난 사람이라 할지라도 그의 마음 안에는 고통을 다시 안으라고 강요하는 무언가가 남아 있다. 마치 고통이 그의 안에 기생충처럼 자리 잡고는 목적한 바를 위해서 그를 마음대로 조종하는 것과 같다.

　지금 당장 스트레스를 받고 있는 인간을 그 고통에서 벗어나게 하는 일은 쉽다. 그러나 과거의 고통으로부터 그를 자유롭게 하는 것은 어려운 일이다. 오직 신만이 그 일을 할 수 있다. 신의 은총으로도 이 지상에서 상처 입은 본성을 치유하지는 못한다. 예수의 영광스런 육신은 못과 창의 흔적을 지니고 있다. 사람은 멀찍이서 고통을 곰곰 생각함으로써 고통의 실존을 받아들일 수 있다. 신은 사랑을 통해서 그리고 사랑을 위해서 만물을 창조했다. 신은 사랑 이외의 것은 아무것도 창조하지 않았다. 신은 사랑의 모든 형태 안에 사랑을 만들었다. 신은 모든 가능한 거리를 두고 사랑이 가능한 존재를 창조했다. 그리고 신은 가능한 최대의 거리, 그 무한의 거리를 향해 나아갔다. 신과 신 사이의 무한한 거리, 그 지고한 분리, 비교할 수 없는 고뇌, 이 사랑의 기적이 바로 십자가 못 박힘이다. 저주받은 것보다 더 신으로부터 멀어지는 것은 아무것도 없다.

지순한 사랑이 지고의 합일을 이루며 떨어져 나가 깊은 침묵 가운데 우주를 가로지르며 영원히 메아리친다. 두 개의 악장이 순수하게 가슴 떨리는 조화로 결합되는 것과 비슷하다. 이것이 신의 말이다. 모든 피조물은 그의 울림일 뿐이다. 지극히 순수한 인간의 음악이 우리의 영혼을 뚫고 들어올 때 울림을 통해 우리에게 들리는 것이다. 침묵 속에서 듣는 것을 배울 때 보다 분명하게 이해할 수 있다.

사랑 안에 잠긴 이들은 고통의 맨 밑바닥에서부터 이 음악을 듣는다. 그때부터 그들은 더 이상 아무런 의심을 가지지 않는다.

고통에 주저앉는 인간은 십자가 발치에 있다. 신으로부터 가장 위대하고 가능한 거리인 십자가 발치에 있다. 죄가 가장 먼 거리라고 생각해서는 안 된다. 죄는 거리가 아니다. 그것은 우리의 시선을 그릇된 방향으로 돌리는 것이다.

이 거리와 원초적 불순종 사이에 신비한 관계가 있음은 진실이다. 우리는 줄곧 그 이야기를 들어 왔다. 인류는 신으로부터 시선을 돌려 가능한 한 멀리 그릇된 쪽으로 걸어갔다. 그 당시 인간은 걸어 다닐 수 있었다. 필연에 의해 지배받는 우리로서는 한곳에 못 박힌 채 방향을 선택하여 바라볼 자유밖에 없다. 맹목적 구조는 영적 완성에의 관심 없이 계속해서 인간을 이리저리 시달리게 하고 십자가 바로 아래로 그들 중 몇몇을 내던졌다. 이런 충격을 통해 신에게로 시선을 돌리느냐 마느냐는 그들에게 달려 있다. 신의 섭리가 부재한 것은 아니다. 맹목적 구조로 필연성을 지배하는 것이 신의 섭리다.

맹목적 구조가 아니라면 고통 따위는 없을 것이다. 고통은 무엇보다 익명성을 가진다. 고통은 모든 희생자의 인격을 빼앗아 그들을 물체로 바꾸어 버린다. 고통은 무관심이고 무관심의 차가움(금속성의 차가움)이다. 닿기만 해도 영혼은 얼어붙고 바닥으로 떨어진다. 그들은 결코 온기를 되찾지 못한다. 그리고 자신이 누구였는지를 다시 깨닫지 못하게 될 것이다.

고통이 기회라는 사실을 인식하지 못한다면 그 기회를 누리지 못한다. 신앙으로 인해 박해당하고 있음을 의식하는 이들은 괴로움에도 불구하고 고통받는 게 아니다. 괴로움이나 공포가 박해의 원인을 잊게 만드는 그 극점까지 영혼을 몰아갈 때에야 비로소 고통에 빠지는 것이다. 노래를 부르며 맹수가 있는 원형경기장에 들어서던 순교자들은 고통받은 것이 아니다. 그리스도는 고통받았다. 그는 순교자처럼 죽지 않고 보통 죄인들처럼 죽었다. 좀도둑처럼 우스운 취급을 당한 것이다. 고통은 어리석은 것이기 때문이다.

맹목적 필연성만이 인간을 십자가 아래의 극점으로 내던질 수 있다. 대부분의 고통을 초래하는 인간의 죄는 맹목적 필연성의 일부분이다. 죄인들은 자신들이 하고 있는 일을 알지 못하기 때문이다.

우정에는 만남과 이별이라는 두 가지 형태가 있다. 이들은 서로 분리될 수 없다. 둘 다 같은 선을 지니고 있는데 우정에서 이 선은 독특하다. 친구 아닌 두 존재가 서로 가까이 있을 때 이별은 없다. 두 형태 모두 같은 선을 지니고 있으며 모두 좋은 것이다.

신은 그 자신을 만들어 냈고 그 자신이 완벽하다는 것을 알고 있다. 우리의 가련한 방식으로 우리가 외부의 대상을 만들고 그것에 대해 알고 있는 것과 마찬가지다. 그러나 무엇보다도 신은 사랑이다. 무엇보다도 신은 그 자신을 사랑한다. 이 사랑, 신의 우정은 삼위일체다. 천상의 관계에 의해 결합된 이 용어 사이에는 친근함 이상의 것이 있다. 무한한 친근함, 혹은 동일성이 있다. 그러나 창조와 강생과 수난을 통해 거기에는 무한한 거리가 존재한다. 온 우주와 모든 시간에 가로놓인 긴밀성은 신과의 사이에 무한한 거리를 만들어 둔다.

연인이나 친구들은 두 가지를 원한다. 하나는 서로의 마음속으로 들어가 하나가 되도록 사랑하는 것이다. 다른 하나는 그들이 지구 반 바퀴만큼 떨어져 있더라도 그 결합에는 한 치의 오차도 없이 사랑하는 것이다. 지상의 모든 인간의 헛된 바람을 신은 모두 알고 있다. 우리는 모두 마음속에 그런 불가능한 욕망을 지니고 있다. 그리고 우리가 더 이상 갈망하지 않게 될 때 그것들은 우리에게 선이 된다.

그 자체로 신인 사랑은 두 존재를 이어 준다. 그 둘을 더 이상 구별할 수 없을 만큼 가깝게 묶어 하나로 만든다. 이 결합은 둘 사이의 거리와 무한한 이별을 훌쩍 뛰어넘는다. 모든 다원성이 사라진 가운데 신의 단일성은 본질적으로 사랑이다. 세상에 버려진 그리스도의 포기, 그럼에도 불구하고 멈출 수 없는 아버지에 대한 사랑, 이 두 가지 형태가 사랑의 천상 가치를 표현하면서 신 그 자신이 사랑임을 드러내고 있다.

신은 근본적으로 그 합일을 사랑한다. 실제적 정의로 사랑의 순순한 발현인 합일을 사랑한다. 이 사랑에 속해 있는 합일의 무한한 선에 상응하는 무한한 이별이 또한 존재한다. 전체 창조가 시간과 공간을 통합하여 펼쳐져 있으며 그리스도와 아버지 사이에 어려운 문제로 개입되어 왔다.

우리의 고통은, 사람의 아들과 그의 아버지 사이에 놓인 거리를 나누는 무한히 귀중한 특전을 우리에게 부여한다. 그렇지만 이 거리는, 사랑하는 이들에겐 그저 이별일 뿐이다. 사랑하는 이들에게 이별은 가슴 아픈 것이긴 하나 그래도 좋은 것이다. 그것이 사랑이기 때문이다. 버려진 그리스도의 슬픔조차 좋은 것이다. 이 지상에서 우리가 그 고통을 나눠 가지는 것보다 더 좋은 것은 없다. 우리는 지상에서 육신을 지니고 살아가기 때문에 신은 결코 완벽하게 우리 안에 현존할 수 없다. 하지만 극한의 고통 속에서 신은 우리에게 모습을 드러낸다. 지상의 우리에게 이것은 완벽에의 유일한 가능성이다. 그리스도가 우리의 유일한 희망인 이유가 바로 이것이다. "어떤 숲도 이런 나무와 이런 꽃, 잎사귀와 씨앗을 품을 수 없도다."

우리가 작은 분자를 이루고 사는 이 우주는 신의 사랑에 의해 정해진 거리다. 여기서 우리는 한 점이다. 우주, 시간, 물질을 다루는 체제는 거리다. 우리가 악이라고 부르는 것도 이런 메커니즘일 뿐이다. 신의 은총이 인간의 중심을 관통하여 모든 존재를 비춤으로써 자연의 법칙을 거스르는 일 없이 물 위를 걷게 되었다. 그러나 인간이 신으로부터 고개를 돌릴 때는 중력의 법칙을 따르게 된다. 우리는 스스로 결정하고 선택했다고 믿지만 실은 하나의 사물, 떨어지는 돌멩이에 지나지 않는다. 우리가 진정한 관심으로 인간 사회와 영혼을 가까이서 살핀다면, 모든 것이 중력의 법칙처럼 정확하고 맹목적으로 법칙에 순응하는 것을 발견하게 될 것이다. 이 사실을 아는 것이 필요하다. 우리가 죄인이라고 부르는 이들은 그저 바람에 날려 무작위로 지붕에서 떨어지는 기왓조각일 뿐이다. 그들의 유일한 실수는 기와가 되고자 한 맨 처음의 선택뿐이다.

필연성의 구조는 그 스스로 진실함으로써 다른 수준으로 전환될 수 있다. 맹목적 문제로 둘러싸인 세상 안에서, 또 동식물, 국가, 영혼 안에서도 마찬가지다. 지금 우리의 입장과 관점에서 본다면 몹시 막막하다. 그러나 만약 우리가 자신과 우주와 세계와 시간을 넘어 아버지가 거하시는 곳으로 옮겨 간다면, 그리고 거기서 이 구조를 살핀다면 아주 다르게 보일 것이다. 필연적으로 보이던 것은 순종이 된다. 물질은 대부분 수동적이 되고 결과적으로 신의 의지에 순종하게 된다.

그것은 우리에게는 완벽한 모델이다. 신 이상의 어떤 존재도 있을 수 없으니 신에게 순종해야 한다. 물질은 완벽한 순종 때문에 그 물질의 주인을 사랑하는 이들에 의해 사랑받게 된다. 이제는 죽고 없으나 한때 사랑하던 사람이 사용하던 바늘이 그 연인에 의해 소중히 여겨지듯이 말이다. 세상의 아름다움은 우리의 가슴 안에 친밀하게 자리 잡는다. 세상의 아름다움 속에서 가혹한 필연성은 사랑의 대상이 된다. 끊임없이 밀려드는 파도에 작용하는 중력의 법칙보다, 끝없이 이어진 산맥보다 더 아름다운 것이 무엇인가?

바다가 늘 아름답기만 한 것은 아니다. 우리는 가끔 배가 난파되는 것을 알고 있다. 그리고 이 사실은 바다의 아름다움을 더해 준다. 만일 바다가 배를 구하기 위해 파도의 움직임을 바꾼다면 통찰력과 선택력을 지닌 피조물일 것이다. 그러나 완벽한 순종이 바다의 아름다움을 완성한다.

세상의 모든 공포는 중력에 의해 파도가 이는 것과 같다. 이것이 공포가 아름다움을 간직하고 있는 까닭이다. 「일리아드」 같은 시에서 종종 이런 아름다움을 엿볼 수 있다.

인간은 결코 신에 대한 순종에서 벗어날 수 없다. 지성적이고 자유로운 피조물인 인간에게 주어진 유일한 선택은 순종을 원하거나 원하지 않거나 둘 중 하나뿐이다. 설사 순종을 원하지 않더라도 인간은 영원토록 구조적 필연성에 지배받는 존재이기에 끊임없이 순종하게 된다. 만일 순종을 원한다 해도 여전히 기계적 필연성에 순종하는 것이다. 그런데 여기에 새로운 필연성이 보태진다. 이 필연성은 초자연적 법칙에 의해 이루어진 것이다. 어떤 행위는 인간에게 불가능한 반면에 또 다른 행위는 그 자신에 의해 달성되기도 한다.

이따금 신에게 불순종한다는 느낌을 가질 때는 우리가 순종하고자 원하는 것을 잠시 멈춘 때다. 식물이나 다른 것도 마찬가지다. 나무는 그늘에 있건 햇빛 아래 있건 자라난다. 성장에 관한 한 나무에게는 어떤 통제나 선택의 자유가 없다. 하지만 우리는 빛 아래 있을 것인지 그늘에 있을 것인지를 선택할 수 있다.

수고를 다하지 않는 들판의 나리꽃을 생각해 보라고 그리스도는 말하면서 이를 유순함의 모델로 제시한다. 꽃은 스스로 모양이나 색깔을 선택하지 않았고 자신의 의지를 어떤 목적에 두지도 않았다는 것이다. 자연의 필연성으로 주어진 바를 모두 받아들인 것이다. 그 꽃이 다른 화려한 물건들보다 월등히 아름답게 보인다면 아마도 그 유순함 때문일 것이다. 물질도 역시 유순하지만 인간에게 그러한 것이지 신에게는 아니다. 인간에게 순종적일 때 아름답지 않은 것이 신에게 순종적일 때는 아름답다.

때때로 바다와 산, 꽃의 아름다움을 예술 작품에서 발견하기도 한다. 신의 빛이 예술가에게 머물러 있기 때문이다. 신의 영감을 받지 않은 인간에 의해 만들어진 작품에서 아름다움을 발견하려면, 모든 인간의 영혼은 자신도 모르는 사이에 순종하는 존재라는 사실을 이해할 필요가 있다. 이 경지에 도달한 사람에게는 지상의 모든 것이 완벽하게 아름답다. 그는 존재하고 발생하는 모든 것에서 필연성의 구조를 식별하고 순종의 무한한 달콤함을 인식하는 것이다. 신과의 관계에 있어 순종은 빛과 창문의 관계와 같다. 우리의 온 존재로 이 순종을 느끼는 순간 우리는 신을 본다.

신문을 거꾸로 들면 인쇄된 글자는 이상하게 보인다. 그러나 신문을 바로 들게 되면 우리는 글자를 보는 것이 아니라 글을 읽는다. 폭풍우가 몰아치는 배 안의 승객은 격랑 속에서 동요한다. 그러나 선장은 바람과 해류와 파도의 복잡한 조합, 배의 위치와 모양과 돛과 키를 생각할 뿐이다.

읽기와 거래를 배우듯이 인간은 신에 대한 우주의 순종을 배워야 한다. 이것은 완전한 도제 수업이다. 모든 도제 수업이 그렇듯이 여기에도 시간과 노력이 요구된다. 훈련을 마친 사람들에게 사물이나 사건 간의 차이는, 붉은 잉크와 검은 잉크 혹은 여러 가지 서체로 인쇄된 동일한 문장을 앞에 두고 그것을 읽을 줄 아는 이들이 인식하는 차이와 비슷하다. 글을 읽지 못하는 이는 그저 차이를 바라볼 뿐이나, 읽을 줄 아는 이에게는 동일하다. 같은 문장이기 때문이다.

도제 수업을 마친 이에게 사건이나 사물은, 어디서나 항상 동일한 천상의 무한한 울림으로 인식된다. 그가 더 이상 고통을 겪지 않을 것이라는 말이 아니다. 고통은 특정한 사건의 빛깔이다. 붉은 잉크로 쓰인 문장을 볼 때 그것을 읽을 줄 아는 이나 모르는 이나 똑같이 붉은 무엇임을 안다. 그러나 붉은 잉크라는 사실이 어떤 이에게는 중요하지만 다른 이에게는 전혀 중요하지 않다. 도제 수업이 힘들다고 불평하는 이에게 노동자와 농부들이 하는 말이 있다. "몸으로 배워야 하는 일이지"(It's the trade getting into his body).

고통을 견뎌 낼 적마다 세상의 질서와 아름다움, 그리고 신의 창조에 대한 순종이 우리 몸 안으로 들어온다고 말할 수 있다. 이 선물을 보내신 사랑에 대해 우리가 어떻게 가장 아름다운 감사의 말을 전하지 않을 수 있겠는가?

기쁨과 고통은 똑같이 값진 선물이다. 각각의 순수성을 온전히 음미해야 한다. 고통을 통해 기쁨은 우리에게 들어온다. 우리는 기쁨만으로는 신의 친구가 될 수 없다. 항해일지만 연구한다고 해서 선장이 될 수 없듯이 말이다. 육체는 모든 도제 수업에서 한 부분을 차지한다. 육체적 감각의 측면에서 고통은 세상의 질서를 이루고 있는 필연성과 우리를 만나게 한다. 기쁨은 필연성의 이미지와 관련이 없다. 감각의 수준이 높아지면 기쁨 속에 있는 필연성이 인식될 수 있다. 미적 감수성을 통해서 가능해지는 것이다.

우리의 존재가 온전히 이 순종의 모든 부분을 감지하게 하기 위하여, 또 신의 음성의 울림으로 우주를 듣는 새로운 감각이 우리 안에 형성되게 하기 위하여 고통과 기쁨의 변환력은 동등하게 불가분성을 이룬다. 둘 중 하나가 우리에게 다가올 때 영혼의 중심을 열어 주어야 한다. 마치 사랑하는 이로부터 오는 전갈을 받기 위해 여인이 대문을 활짝 열어 두는 것과도 같다. 사랑하는 연인의 소식을 전해 주는 그 전달자가 예의 바르든 말든 무슨 상관이겠는가?

고통은 괴로움이 아니다. 고통은 신의 교육 방법과는 다른 무엇이다. 무한한 시간과 공간이 우리를 신에게서 떼어 놓고 있다. 우리는 그를 어떻게 찾아낼 수 있을 것인가? 어떻게 그에게로 다가갈 수 있을 것인가?

비록 끝없는 시간을 걸어간다 하더라도 우리는 이 세상을 돌고 도는 데 그칠 뿐이다. 비행기를 탄다 해도 별 수 없을 것이다. 우리는 수직으로 나아갈 수 없다. 하늘을 향해 한 걸음도 내디딜 수 없다. 신은 우주를 가로질러 우리에게 다가온다.

무한한 시간과 공간을 넘어서 무한한 사랑보다 더 무한한 신이 우리를 안으러 온다. 신은 자신만의 시간으로 다가온다. 우리에게는 그를 받아들이거나 거부할 힘이 있다. 만일 우리가 계속 거부한다면 그는 구걸하는 거지처럼 거듭 찾아올 것이다. 그리고 어느 날 그는 더 이상 오지 않을 것이다. 우리가 받아들인다면 신은 우리에게 작은 씨앗을 하나 심어두고는 다시 멀리 가 버릴 것이다. 그때부터 신은 더 이상 할 일이 없다. 우리도 기다리는 일 말고는 할 일이 없다. 우리는 혼인 서약에 동의한 것을 후회하지 않지만 그것은 생각만큼 쉬운 일이 아니다. 우리 안에 씨앗이 자라나는 것은 고통스러운 일이다. 더구나 이 성장을 받아들이기로 한 데서부터 우리는 그것이 어떤 길이든 성장에 방해되는 잡초와 같은 것들을 제거해야 한다. 그런데 불행하게도 잡초 역시 우리 몸의 한 부분이다. 그러므로 잡초 뽑기는 힘겨운 수술과도 같다. 그리고 대개 씨앗은 저절로 자란다.

영혼이 신에게 속할 때, 사랑하기를 동의할 뿐만 아니라 진실로 그리고 효과적으로 사랑할 때 그날은 온다. 영혼은 피조물의 사랑으로 사랑하지 않는다. 그 사랑은 창조되지 않은 천상의 것이다. 신만이 신을 사랑할 수 있다. 우리는 이 사랑이 우리 영혼을 자유롭게 통과하도록 자신의 감정을 포기하는 데 동의할 수 있을 뿐이다. 이것이 바로 자신을 부정하는 것이다. 우리는 이에 동의하기 위하여 창조되었을 뿐이다.

그 사랑은 신으로부터 우리에게 오기 위하여 무한한 공간과 시간을 가로질러 온다. 그 반대로 유한한 피조물에게서 시작되는 여정은 어떻게 반복될 것인가? 우리 안에 떨어진 천상의 씨앗이 자라 나무가 되었을 때 어떻게 그것을 감당할 수 있을까? 그것을 씨앗으로 되돌려 놓을 수 있을까? 신이 우리에게 올 때 걸었던 길의 반대쪽으로 어떻게 걸어갈 수 있을까? 우리가 어떻게 무한의 거리를 건너갈 수 있을 것인가?

불가능해 보이지만 길은 있다. 잘 알려진 길이다. 우리는 이 나무가 우리 안에서 자라나고 공중에 나는 새들이 날아와 앉는 아름다운 나무가 되리라는 사실을 아주 잘 알고 있다. 우리는 어떤 나무가 가장 아름다운지도 잘 알고 있다. "어떤 숲에도 이런 나무는 없다." 교수대보다 더 놀랍고 아름다운 나무가 있다. 신이 우리 안에 심어 놓은 씨앗이 바로 이 나무의 씨앗이다. 그 씨앗이 무엇인지 애초에 알았더라면 결코 "예"라고 대답하지 않았을 것이다. 이 나무는 우리 안에서 자라나 그 뿌리를 뽑아내지 못하게 되었다. 오직 배신만이 그 뿌리를 뽑을 수 있을 것이다.

망치가 못을 내려칠 때의 충격은 못대가리에서 끝까지 고스란히 전해진다. 망치와 못대가리가 무한히 크다면 그 충격 또한 무한히 클 것이다. 못은 이 무한한 충격을 그것이 머물러야 할 지점까지 그대로 전한다.

극한의 불행, 육체적 고통, 정신적 스트레스, 영혼의 전락… 그 모두가 못이다. 못의 끝은 바로 영혼의 중심을 향한다. 못대가리는 모든 공간과 시간을 통과하는 필연성이다.

신의 사랑

고통은 신의 놀라운 기술이다. 맹목적이고 무자비하며 냉혹한 힘으로 유한한 피조물의 영혼을 사로잡는 간단하고 교묘한 장치다. 신과 피조물을 떼어 놓은 무한한 거리는 영혼의 중심에 내리꽂히는 이 점으로 집중된다.

인간 안에서 일어나는 일이지만 인간에게는 참여할 수 있는 부분이 없다. 다만 핀에 찔린 나비처럼 파르르 경련할 뿐이다. 그러나 그 공포를 통해 인간은 계속 사랑할 수 있다. 거기에는 어떠한 장애도 불가능도 없다.

사랑은 방향을 찾는 것일 뿐 영혼의 상태가 아님을 깨달아야 한다. 그렇지 않으면 고통이 시작될 때 우리는 나락으로 떨어지고 말 것이다.

못이 영혼을 통과하는 동안 영혼이 신을 향한 인간은 그 자신이 바로 우주의 중심에 못 박혀 있음을 발견할 것이다. 그저 중심에 있는 것이 아니라 시간과 공간을 초월한 진실의 중심, 바로 신에게 있는 것이다. 그것은 공간에도 시간에도 속하지 않은 완전히 다른 차원이다. 그 못은 모든 창조를 관통하여, 신과 영혼을 갈라놓은 두꺼운 장막을 꿰뚫는다.

이 놀라운 차원에서 육신을 구속하는 시간과 공간을 떠나지 않고도 영혼은 모든 시간과 공간을 가로질러 신의 현존으로 다가간다. 피조물과 창조주가 교차하는 그 지점은 십자가 가지의 교차점이다.

사도 바오로도 그런 생각을 다음과 같이 표현했을지 모른다. "여러분이 사랑에 뿌리를 내리고 그것을 기초로 삼게 하시기를 빕니다. 그리하여 여러분이 모든 성도와 함께 너비와 길이와 높이와 깊이가 어떠한지 깨닫는 능력을 지니고, 인간의 지각을 뛰어넘는 그리스도의 사랑을 알게 해 주시기를 빕니다"(에페 3,17-19).

극도의 고통이 우리를 덮쳐 올 때 단순한 천상 씨앗이 아닌 삶의 나무가 영혼 안에 자리 잡고 있다면 그때 우리는 그리스도처럼 십자가에 못 박힌 것이다. 그렇지 않다면 그리스도의 좌우에 있는 두 십자가 중에서 선택할 수 있다.

고통 중에 있는 이웃에 대한 경멸과 증오에서 위안을 찾으려 한다면 십자가 왼편의 회개하지 않은 도둑과 다를 바 없다. 이것이야말로 참으로 불행한 모습이다. 로마 시대 노예들의 경우도 마찬가지다. 사람들은 고통받는 이들을 바라보며 마치 그 고통이 자신을 덮쳐 오는 것처럼 두려워하면서 결국 고통에 빠진다.

십자가 오른편의 도둑이 되기 위해서는, 인간이 빠져 드는 고통의 정도가 어떠하든, 인간에게 그 정도는 합당하다는 사실을 아는 것만으로 충분하다. 인간은 비겁함, 무기력, 무관심, 무지로 인해 다른 이들을 고통에 빠뜨리는 범죄에서 적어도 공범임이 확실하다.

우리는 대개 그런 범죄를 막지 못하더라도 질책할 수는 있다. 그동안 우리는 방관하고 묵인하며 협력해 왔다. 이런 연루(공모) 때문에 우리가 겪고 있는 고통은 엄정한 정의 안에서 보면 큰 벌이 아니다. 우리는 자신에 대해 동정을 느낄 권리가 없다. 제아무리 순수한 존재라 해도 적어도 한 번쯤은 심각한 고통을 겪게 된다. 타인을 향해 동정을 보내는 편이 차라리 낫다.

우리 모두는 이 점을 자신에게 인식시켜야 한다. 우리의 정신과 행위에 내포된 냉혹성과 복잡성으로 인해 그 누구도 자신을 순수하고 정당하다고만 느낄 수는 없다. 우리 모두는 최소한 무관심이라는 부정의에 대해 유죄임에 틀림없다.

그러나 모든 인간은 자신 안에 그리스도의 십자가를 지닐 권리가 있다. 우리는 좋은 것이라면 무엇이든 신에게 청할 무한한 권리가 있다. 그런 청원에 있어서 겸손이나 모욕감 따위는 필요 없다. 고통을 청하는 것은 잘못된 일이다. 왜곡되고 자연에 반하는 것이다. 내키지 않는 괴로움을 겪어야 하는 것이 고통의 핵심이다. 사로잡히지 않는 한 우리는 그것을 갈망해야 한다. 고통을 통해 우리는 그리스도의 십자가에 동참하게 될 것이다.

사실 고통은 언제 어디서든 나타날 수 있기에 우리는 항상 사랑을 염두에 두어야 한다. 세 가지 측면에서 우리 존재는 무방비 상태로 고통에 노출되어 있다. 하나는 허약한 육신이다. 육신은 찔리고 부서지고 무너질 수 있다. 우리 신체의 내부 구조는 아주 미미한 자극으로도 영원히 잘못될 수 있다. 우리의 영혼 또한 약하다. 까닭 없이 우울해지기도 하고 모든 생물과 무생물에 의존하는 가련한 존재다. 심약하고 변덕스러운 존재다. 우리의 사회적 인성은, 우리 존재의 감각이 대부분 의존적인 것처럼, 모든 고난에 거의 항상 노출되어 있다.

우리 존재의 핵심을 이루는 이 세 가지 측면 각각에서 우리는 피 흐르는 상처의 고통을 맛보기도 한다. 이러한 고통을 통해 우리의 사회적 명성과 권리가 손상되는 것처럼 보인다. 우리의 본질을 이루는 환상의 문제에서도 그러하다.

모든 일이 제법 잘되어 갈 때 우리는 나약함에 대해 거의 생각하지 않는다. 어떤 외부 영향이 생각을 가로막는 것은 아니다. 오히려 우리는 나약함에 대해 심사숙고하고 끊임없이 신에게 감사드릴 수 있다. 우리가 감사하는 것은 나약함 자체에서 더 나아간 친밀성인데, 그것은 우리 존재의 중심과 연관이 있다. 어떤 상황에서 우리를 십자가에 더욱 가까이 다가가게 하는 것이 바로 이 나약함이다.

우리는 어떤 고통의 상황에서도 사랑과 감사의 마음으로 이 나약함을 생각할 수 있다. 특별히 행복하거나 불행하지 않을 때도 종종 그것을 떠올릴 수 있다. 기쁨에 들떠 있을 때라도 언제든지 생각할 수 있다. 하지만 이 생각이 기쁨에 방해가 된다면 생각을 멈춰야 한다. 나약함에 관한 생각은 대개 기쁨에 감미로움을 더하곤 한다. 머지않아 지고 말 것이기에 벚꽃은 더욱 아름다운 법이다.

때가 되면 그리스도의 십자가는 우리 삶의 중심이 되어야 한다. 매일 자신의 십자가를 져야 한다는 그리스도의 말은, 오늘날 생각하는 것처럼 단순히 일상의 작은 문제들에 대해 포기해야 한다는 것만은 아님이 확실하다. 언어로 표현하기에 매우 조심스러워하면서도 사람들은 자주 십자가를 언급한다. 오직 하나의 십자가가 존재할 뿐이다. 그것은 공간과 시간의 무한함으로 충만된 전체이다.

십자가를 진다는 것은 우리가 모든 존재의 맹목적 필연성에 종속되어 있음을 아는 것이다. 가까이 다가가기에 너무나 비밀스러운 사실이다. 언젠가 고통에서 벗어날 수 있음과 매 순간 자비의 손길 안에 머물 수 있음을 자각하지 못한다면 고통이 제아무리 크다 하더라도 그는 십자가 가까이에 머물 수 없다. 사회적 인격의 일부가 비교적 온전히 남아 있는 경우, 고통 속에 가난의 정신이 함께하지 않는 한 아무것도 할 수 없다.

완벽하게 행복한 인간은 (그가 참으로 고통의 가능성을 인식한다면) 언제나 즐거움을 온전히 누릴 뿐만 아니라 십자가 역시 견딜 수 있게 된다. 그런데 이것을 아는 것만으로는 충분하지 않다. 그것을 사랑해야 한다. 인간은 그 필연성의 가혹함(동전의 양면처럼 우리에게는 지배를, 신에게는 순종을 드러내 보이는)을 마음 깊이 사랑해야 한다. 기꺼이 끌어안아야 한다. 설사 자신의 가장 어두운 면을 드러내 보이고 그로 인해 내면이 타격받을지라도 말이다. 연인이 비록 곁에 없더라도 그의 물건을 지니기를 마다할 여인은 없다. 심지어 그 물건으로 인해 상처를 입을지라도 상관없다.

우리는 이 우주가 신에게 속해 있음을 안다. 그러므로 가슴 깊이 신에게 감사드려야 한다. 철없고 몽매하지만 순종하는 종으로서 우리에게 이 필연성을 부여해 준 절대적 주권자인 신에게 감사드려야 한다. 필연성은 우리를 다그친다. 세상 안의 존재는 그분에게 순종해야 한다. 우리는 마음을 담은 보물로서 신을 선택했다. 그 순간부터 우리는 폭군의 다른 모습, 즉 순수하고 순종적인 얼굴을 보게 될 것이다. 우리는 필연성의 노예다. 또한 우리는 필연성의 자식이다. 필연성이 우리에게 무엇을 요구하든지 우리는 유순히 따라야 한다. 우리는 그의 아들딸이다. 원치 않는 고통으로 필연성이 우리를 몰아가더라도 그것은 다른 길로 돌아와 우리에게 주어질 사랑의 또 다른 모습이다. 신을 향한 순종의 얼굴을 확인하기 위하여 자주 이런 귀한 기회를 얻는 자는 행복하도다.

기진한 육체적 고통과 긴장은 이 독특한 모험의 성격을 지니고 있다. 처음에 우리의 감각은 낯설어할지 모르지만 이내 익숙해질 것이다. 그리고 최선을 다하게 된다. 상상의 힘을 통해 우리는 스스로를 통제하고 새로운 상황에 적응시킬 수 있다. 우리에게 강요된 것을 우리가 선택한 것으로 상상할 수 있다. 그런데 인간이 변화될 때는 그 감각이 무뎌지고 반항적이 되어 그는 더 이상 환상 안에 머물 수 없다. 이 변환이 인간의 의지에 의해 사회적 비난의 한 결과로, 과거에 그랬던 것처럼 맹목적 익명성의 억압으로 이루어진 것이라면 매우 바람직하다. 육체적 측면에서 영혼은 긴장을 통해서 필연성을 인식한다. 그리고 영혼은 통증을 통해서 긴장을 인식한다. 통증을 통해 감각으로 전달되는 진실, 수학적 증거를 통해 지성으로 들어오는 진실, 아름다움을 통해 사랑의 집합체로 들어오는 진실은 모두 같은 것이다.

욥의 경우도 마찬가지다. 육체가 일단 고통에게 잠식되면 세상의 완전한 아름다움이 드러난다. 우주의 핵심은 필연성이고 필연성의 핵심은 전지전능한 신에 대한 순종임을 인식하는 순간 세상의 아름다움은 드러난다. 한낱 모래알에 지나지 않는 우리가 이 우주 안에서 순종하는 것보다 더 중요한 일은 없다. 순수한 기쁨과 고통은 무한히 소중한 진실의 두 가지 모습이다. 그리고 우리는 사랑하는 이들이 고통보다 기쁨을 누리기를 바라고 있다.

삼위일체와 십자가는 그리스도교 영성의 양대 기둥으로서 두 가지 중요한 진실을 내포하고 있다. 완전한 기쁨과 완전한 고통이 그것이다. 그 둘의 신비로운 합일을 깨닫는 것이 중요하다. 이 세상 안에서 인간은 삼위일체로부터 무한히 먼 곳에 놓여 있다. 바로 십자가 발치다. 우리는 십자가 아래 살고 있다.

고통을 아는 것은 그리스도교 정신의 열쇠다. 그런데 지식만으로는 불가능하다. 고통을 당해 보지 않고 고통을 알기란 불가능하다. 쉽게 말해서 동물이 자살하는 것이 불가능한 것처럼, 고통이 사고에 끼치는 영향은 너무나 상관적이어서 자발적으로 마음에 고통을 품는 것은 불가능하다.

사고는 긴장에 의한 것을 제외하고는 고통을 알지 못한다. 경험에 의한 긴장이 아니라면 영혼이 모든 것을 믿기란 불가능하다. 이 모든 사고와 느낌, 사람, 우주를 향한 태도가 중요하다. 무엇보다 그 자체를 향하는 존재의 진지한 태도다. 그리고 이것은 자비를 기반으로 한다. 이론적으로 인식한다 하더라도 영혼으로 믿지는 않는다. 영혼으로 믿으려면 그리스도가 말하듯 자신을 부정해야 한다. 이를 통해 그의 제자가 될 자격을 얻는 것이다.

그러나 고통의 한복판에 놓여 있거나 통과하는 중일 때 우리는 이 진실을 믿지 않는다. 인간은 대부분 믿지 않는다고 말할 수 있다. 사고는 결코 강요할 수 없지만 회피하기 위해 위장하는 것은 가능하다. 외부의 힘에 의해 고통에 직면하게 될 때 사고는 사냥꾼에게 쫓기는 짐승이 몸을 숨기는 것처럼 우선 거짓으로 피난처를 찾는다. 공포에 맞닥뜨릴 때 우리는 종종 거짓의 구덩이를 깊게 파고 숨어든다. 고통에 처한 인간이 거짓말에 중독되어 있는 경우도 가끔 있다. 진실과 거짓 사이에서 지향하는 바를 상실하기도 한다. 거짓과 고통은 너무나 가까이에 있다. 그리스도가 세상을 이긴 것은 진실한 존재인 그가 극한의 고통에 이르기까지 진실을 견지했기 때문이다.

사고는 고통에서 달아나려는 자기 보호 본능에 의해 구속된다. 육신의 죽음을 피하려는 본능이라기보다 존재의 근원적 본능에 가깝다. 육체적 죽음을 직시하기는 비교적 쉽다.

고통 중에 있는 인간은 끊임없이 주시하여 고통에 정면으로 맞섬으로써 진실한 사랑을 위한 영혼의 죽음에 이르러야 한다. 플라톤이 "철학은 죽음을 배우는 것이다"라고 한 바로 그 죽음이다. 이것이 고대 종교 예식에서 상징화된 죽음이며 또한 세례로 표현되는 죽음이다. 실제 죽음이라기보다는 단순히 진실을 인식하는 것이다. 진실은 죽은 것이고 물질과 유사한 어떤 것이다. 물로 변할 필요가 없다. 그것이 물이다. 우리가 우리 자신이라고 믿는 덧없는 것이고 바다의 파도처럼 자동적으로 생성되는 것이다.

우리 존재 깊은 곳에서 그것을 아는 것이 중요하다. 신에게 속해 있으면서 저 높은 데로부터 새로 태어난 세상 사람들의 방식으로 인류애를 깨닫는 것도 중요하다.

다른 이의 생명을 소유하지 않는다면, 우리의 가슴과 보물을 어딘가 다른 데 두지 않는다면, 단순히 우리 바깥이 아니라 사고와 느낌과 지각 가능한 모든 것의 바깥에, 그리하여 신비 안에 존재하는 우리 아버지의 두 손에 놓아두지 않는다면 영혼의 죽음을 인정하는 것은 불가능하다. 이를 행하는 이들은 물과 성령으로 태어났다고 말할 수 있다. 그들은 두 측면(하나는 세속적 상황에서 그들이 관계하고 있는 구조적 필연성, 또 하나는 천상적 영감)의 순종을 제외하고는 더 이상 아무것도 아니기 때문이다. 그들에게는 의지와 인성, '나'를 불러오는 것 말고는 아무것도 남은 게 없다. 그들은 자연과 신의 교차점이라는 이름 이상의 것이 아니다. 이 교차점은 신이 모든 영원으로부터 그들을 지칭하는 이름이며 그들의 소명이다. 세례 때 인간은 물에 잠김으로써 사라진다. 이것은 자신을 부정하고 자신은 그저 창조의 한 자락에 붙어 있는 미미한 존재임을 인식하는 것을 의미한다. 그는 중력의 힘보다 더 센 상승의 움직임에 의해서만 다시 모습을 드러낼 수 있을 뿐이다. 이것은 인간에게 있는 신의 사랑의 이미지다.

세례는 완벽한 상태를 상징한다. 그 상태를 갈망하고 그것을 위해 신을 간절히 원할 것을 약속하는 것이다. 끊임없이 지치지 않고 신에게 원하지 않는 한 우리는 그 무엇도 얻지 못한다. 배고픈 아이가 아버지에게 빵을 요구하기를 그칠 수 없는 것과 같다. 그러나 엄청난 고통에 직면하기 전까지는 이 약속이 우리에게 강요하는 바를 알지 못한다. 고통에 얼굴을 맞댄 진정한 헌신은 보다 신비롭고 기적적인 (심지어 성체성사보다 더 신비로운) 만남을 이루어 낼 수 있다.

고통을 경험한 이들이나 그렇지 못한 이들이나 천성적으로 고통을 인지하기란 불가능하다. 그것은 초자연적 사랑에 의해서 가능해진다. 그렇게 신은 그토록 아끼는 인간을 고통으로부터 구해 내려 한 것이다. 그리고 그는 자신의 잔을 받아 마셔야 했다. 고통을 아는 것은 물 위를 걷는 것보다 더욱 신비로운 무엇이다.

신을 은인으로 인식하는 이들은 고통의 지식 위에 연민을 더하는 이들이다. 변덕스럽고 불규칙적이거나, 반대로 너무 규칙적이고 훈련된 습관처럼, 혹은 사회적 관습에 순응하여, 허영에서, 감상적 동정심에서, 양심에 의해서, 결국 말하자면 이기심에서 비롯된 동기를 따르는 이들이다. 그들은 거만하고 젠체하며 어설픈 동정심을 보인다. 고통 중에 있는 이들을 특별한 부류로 여기며 내버려 둔다. 그들은 받을 상을 이 세상에서 받는다. 그들은 오른손이 베푼 것을 기억하고 있다. 그들과 고통받는 이들과의 만남은 틀림없는 거짓이다. 고통받는 이에 대한 진정한 이해에는 고통의 지식이 담겨 있을 것이다. 고통의 얼굴을 바라볼 준비가 되지 않은 이들이 고통 중에 있는 이들에게 다가가면 거짓과 환상의 장막에 방해받게 된다. 고통받는 이의 얼굴에 떠오르는 고통에 직면하면 그들은 멀리 달아나 버린다.

그러나 진정으로 신의 은혜를 받은 이가 고통에 처한 이들을 만나게 되면 그들에게 거리감을 느끼지 않는다. 자신의 모든 것을 그들에게 베푼다. 굶주린 이가 음식을 구하는 것만큼 본능적이고 즉각적으로 그들에게 먹을 것을 준다. 그리고 어제 식사한 것을 잊어버리듯 즉시 잊어버린다. 신의 영광을 위하여 고통받는 이들을 돌본다고 떠벌리는 것은 상상조차 하지 않는다. 신을 위하여 먹는다는 말처럼 우습게 여길 것이다. 우리는 먹어야 하기 때문에 먹는다. 신은 이렇게 자신이 먹어야 하는 것처럼 남을 돕는 사람들을 치하할 것이다.

그는 고통받는 이들에게 음식을 주고 옷을 입히며 돌봐주는 것 외에 또 다른 활동을 한다. 그들 속으로 투신함으로써 참된 자신(고통이 그들로부터 앗아 간 것)을 그들에게 준다. 고통은 근본적으로 인격을 파괴하고 인간을 신원 불명에 빠뜨린다. 마치 그리스도가 사랑을 위해 그 자신의 천상성을 유보한 것처럼 고통받는 이들 역시 불행하게도 자신의 인간성을 빼앗기곤 한다. 고통 속에서 인간은 고통 그 자체가 되고 삶의 모든 의미를 잃어버린다. 다른 모든 이와 마찬가지로 그에게는 무언가로 존재하고픈 욕구가 있다. 하지만 물에 빠진 사람의 머리가 자꾸만 물 밑으로 가라앉는 것처럼 그는 계속 아무것도 아닌 것으로 밀려난다. 그는 거지이거나 난민, 흑인, 병자, 전과자 혹은 다른 무엇일 수 있다. 어쨌든 악용당하거나 선의를 입거나 간에 그는 보잘것없는 인물로 취급될 것이다. 특정한 고통에 처한 여러 존재 가운데 하나로서 취급될 뿐이다. 대우가 좋든 나쁘든 그를 신원 불명으로 방치하는 데 아무런 영향을 미치지 않을 것이다. 모두가 죄의 다른 모습일 뿐이다.

고통받는 이를 만난 누군가는 사랑으로 자신을 내던져 그의 안에서 자신을 새로 태어나게 한다. 한순간 존재는 고통으로부터 분리된다. 고통은 영적 과정일 뿐 원인은 아니다. 자신 앞에 놓인 길을 고통과 함께 가로질러야 하는 인간 존재가 그 원인이다.

고통을 겪는 이들에게 자신을 투사하는 것은 고통을 가정하는 것이다. 자기 의지에 반하여 무언가 강요당하는 상황을 자발적으로 선택하는 것이다. 이것은 불가능하다. 오직 그리스도만 그렇게 했다. 오직 그리스도와 그의 영혼을 지닌 사람들만 그렇게 할 수 있다. 이들이 고통받는 이들에게 (자신을 투사할 때) 내주는 것은 그들 자신이 아니다. 그들은 이제 그들 자신에 머무르지 않기 때문이다. 그들은 그리스도 그 자체다.

이러한 자비는 신비의 성사다. 그리스도를 모신 이들의 영적 여정은 고통받는 이들의 영혼 안에 그리스도를 진정으로 머물게 한다. 그들이 받은 빵이 곧 그들의 주인이다. 상징이나 추측의 말이 아니다. 그리스도 자신의 말을 그대로 옮긴 것이다. "바로 나에게 해 준 것이다"(마태 25,40).

그리스도는 벌거벗고 굶주린 이들이다. 하지만 그는 벌거벗고 굶주리기 위해 거기 있는 것이 아니다. 하늘로부터 고통을 받은 것은 아니기 때문이다. 그리스도의 현존은 자비로 인해 가능하다. 그리스도가 베푸는 자비 안에 그 현존이 있는 것이 확실하다. 그리스도 자신 말고 그 누가 그리스도의 은혜를 받는 자가 될 수 있다는 말인가? 그리스도의 현존만이 영혼 안에 진실한 연민을 심어 줄 수 있음을 이해해야 한다. 고통받는 이들은 이 기적의 선물에 동의할 것인지 말 것인지를 선택할 수 있다.

고통이 실현됨으로써 인간은 모든 인간관계를 박탈당한다. 그에게는 두 가지 관계만 남게 된다. 첫째는 두 개의 물방울이 서로 만나는 것처럼 기계적이고 물질적인 관계이고, 둘째는 순수하고 영적인 사랑이다. 이 두 가지 극단 사이의 여하한 모든 관계는 그에게 불가능하다. 물방울과 영성 외에 다른 것은 그의 생에 자리를 차지할 수 없다. 고통, 그것에 동의하고 받아들여 사랑하기로 할 때 고통은 진정한 세례가 될 수 있다.

그리스도는 세상에서 육신을 지니고 살았어도 다른 이들과는 달랐다. 그를 동정하는 사람은 아무도 없었다. 고통이 그로 하여금 주변의 동정을 구하게 했을 때조차 가까운 이들은 그것을 거절했다. 요한은 잠을 자고 있었고 물 위를 걸을 수 있었던 베드로마저 스승의 고통을 외면했다. 그들은 잠 속으로 도피해 진실을 바라보려 하지 않았다. 동정 그 자체인 존재가 고통당할 때는 과연 어디서 도움을 구할 수 있을까? 고통당하는 그리스도를 동정하기 위해서는 또 다른 그리스도가 필요한지도 모른다. 그 뒤 수세기 동안 그리스도의 고통에 대한 동정은 신성한 것으로 여겨졌다.

자비의 영적 진행을 완벽하게 인지할 필요는 없다. 그리스도에게 감사하는 이들은 "주님, 저희가 언제?" 하고 묻는다. 그들은 누가 먹여 주는지 모른다. 그리스도에 대해 안다고 할 만한 것이 전혀 없다. 다만 그들이 옳다는 것이 중요하다. 그들 안에 있는 그리스도는 자비의 형태로 그 자신을 내주었다. 구걸하는 이들은 행복한 이들이다. 그들은 삶에서 적어도 한두 번 크나큰 보시를 받을 수 있다.

그리스도교 정신의 중심에 고통이 있다. 신을 사랑하고 이웃을 사랑하라는 두 계명을 성취해야 한다. 그리스도는 말한다. "하늘에서 내려온 이, 곧 사람의 아들 말고는 하늘로 올라간 이가 없다"(요한 3,13). 그는 또 말한다. "모세가 광야에서 뱀을 들어 올린 것처럼, 사람의 아들도 들어 올려져야 한다. 믿는 사람은 누구나 사람의 아들 안에서 영원한 생명을 얻게 하려는 것이다"(요한 3,14-15).

그 뱀은 구리 뱀이다. 뱀의 독으로부터 우리를 구원하기에 충분하다. 십자가를 우러러보는 것만으로도 우리는 신을 사랑할 수 있다.

우리는 그리스도로부터 이웃을 사랑하라는 계명을 받았다. 길에서 흔히 만나게 되는 굶주리고 피 흘리는 이들이다. 사랑하라는 계명은 그 무엇보다도 고통스럽다. 인간의 고통, 신의 고통이다.

그러나 종종 사람들이 그리스도교를 슬픔과 괴로움과 음산함으로 가득 찬 종교로 비난하는 것은 옳지 않다. 그리스도교는 그런 종교가 아니다. 괴로움과 슬픔은 감각적인 마음의 상태다. 그릇된 자유가 언제나 가능하다. 그리스도교의 관심은 그것과는 다른 것, 바로 고통이다. 고통은 단순한 심리 상태가 아니다. 주변 환경의 기계적 야만성에 의해 영혼이 부서지는 것이다. 인간적 관점에서 보면 땅바닥에서 반쯤 짓뭉개진 지렁이의 처지가 되는 것처럼 결코 매력적이지 않다. 영웅이나 성인조차도 달갑지 않을 것이다. 고통은 인간의 의지에 반하여 부여되는 그 무엇이다. 그 중심에는 바로 공포가 있다. 공포는 그 희생자의 내면에서 일어난다.

영적 사랑의 미덕에 의해 인간이 동의해야만 하는 바로 그 것이다.

이 세상에서 우주의 존재를 받아들이는 것이 우리의 역할이다. 신은 피조물이 선하다는 사실을 발견하는 데서 만족하지 못한다. 우주 그 자체로 훌륭한 것임을 확인하고 싶어 한다. 그것이 바로 이 세상의 미소한 먼지에게조차 붙어 있는 영혼의 목적이다.

고통의 목적은 피조물이 선한지 그렇지 않은지 판단하는 것이다. 주변 환경이 우리의 존재를 무감하게 만들거나 방치하는 동안 우리는 얼마간 세상을 조정하거나 만들어 갈 수 있다고 여긴다. 고통은 우리가 완전히 실수하고 있다는 사실을 어느 날 갑자기 놀라운 방식으로 드러내 준다. 우리가 늘 감탄해 마지않는 것들 안에 진정한 신성이 깃들어 있다. 천상의 영광은 우리의 고통으로 인해 줄어들지 않는다. 그러므로 무한한 신의 영광을 노래하는 데 아무런 장애가 없다.

고통은 신이 우리로부터 사랑받고 싶어 한다는 가장 큰 표징이다. 신의 사랑의 제일 증거로서 아버지의 징계와는 분명 다른 것이다. 가령 젊은 연인이 사랑을 확인하기 위하여 토닥거리는 사랑 싸움에 비교할 수 있을 것이다. 용기를 내어 고개를 들고 고통을 마주하면 거기서 이내 사랑의 얼굴을 발견하게 될 것이다. 그런 식으로 마리아 막달레나는 목수라고 생각했던 그가 뭔가 특별한 사람임을 알아차렸다.

고통을 통해 신앙의 중심을 바로잡는 그리스도인들은 이것이 바로 창조의 본질임을 어렴풋이나마 알게 될 것이다. 창조를 위해 반드시 고통을 겪어야 하는 것은 아니다. 그러나 고통에 노출되는 것은 필요하다. 창조되지 않은 것은 파괴되지 않는다. 신이 왜 고통을 허락했는지 묻는 사람은 신이 왜 창조했는지 역시 물을 것이다. 인간이라면 반드시 물어봄 직한 질문이다. 왜 신은 우리를 만들어 낸 것일까? 신은 모든 피조물보다 더 위대한 것이 분명하다. 적어도 신의 존재를 인식하는 한 그것은 확실해 보인다. 하지만 우리가 신을 어떻게 생각해야 하는가의 문제는 아니다. 신을 사랑으로 받아들이는 순간 우리는 사랑의 기적을 깨닫는다. 아버지와 아들이 영원한 합일을 이루며 시간과 우주와 십자가 사이의 먼 거리를 가로질러 오는 것 또한 인식하게 된다.

신은 사랑이다. 자연은 필연성이다. 필연성은 순종을 통하여 사랑의 거울이 된다. 같은 식으로, 신은 기쁨이다. 창조는 고통이다. 그러나 기쁨의 불꽃이 그 고통을 밝혀 준다. 고통은 인간 조건에 대한 진실을 담고 있다. 고통을 통해 신을 보게 될 것이다. 신은 우리가 환상에 빠져 행복한 삶을 영위하기보다는 진실과 죽음을 통해 제대로 깨닫기를 원한다. 인간은 현실을 향해 나아가야 한다. 그때야말로 시신을 찾던 인간이 "그분께서는 되살아나셨다"(마태 28,6)라고 말하는 천사를 만날 때인 것이다.

그리스도의 십자가는 빛의 유일한 원천이다. 그 빛은 고통을 비추기에 충분하다. 고통이 언제 어디에 있든 그리스도의 십자가는 고통의 진실이다. 어떠한 믿음을 지닌 사람이든 (거짓의 심연으로 도피하기보다는) 고통에 직면하는 진실을 사랑한다면 그리스도의 십자가와 함께하는 것이다. 고통이 있는 곳 어디에나 십자가가 있다. 거짓보다 진실을, 증오보다 사랑을 택하는 이에게 십자가는 드러나 보인다. 십자가 없는 고통은 지옥이다. 신은 이 땅에 지옥을 두지는 않는다.

   그리스도 안에 머무르지 못하는 그리스도인도 많다. 그들은 고통 속에서 축복받은 십자가를 인식하거나 존경하지 못한다. 그리스도인을 포함하여 사람들 대부분은 고통을 도외시하기 때문에 그들 신앙의 증거는 미약할 수밖에 없다. 원죄에 대한 이야기는 신의 섭리와 신비한 계획, 이 세상과 훗날 다가올 모든 미래, 고통의 진실을 숨기기 위한 것이다. 고통을 참으로 받아들이는 방법은 하나뿐이다. 그리스도의 십자가를 숙고하는 것이다. 그 밖에 다른 길은 없다. 그 하나로 충분하다.

   어머니, 아내, 약혼녀 들은 고통 속에서도 사랑하는 이와 함께 있으면서 그를 도울 것이다. 그러나 그들이 그와의 거리를 줄이고 고통을 나누어 겪음으로써 무력한 연민의 짐을 줄이려 한다면 그것은 불가능하다. 십자가의 그리스도를 사랑하는 이라면 고통에 사로잡혔을 때 비슷한 안도를 느껴야 할 것이다.

십자가와 고통 사이의 근본적 관계에 대해서 그 어떤 정부나 국가도 권리를 가질 수 없다. 고통을 권장할 권리는 더더욱 있을 수 없다. 신으로부터 완전히 단절된 형법 체계야말로 진정한 지옥의 형상인 셈이다. 잘못된 판결이나 과도한 처벌, 신으로부터 멀어진 형법 체계는 그 자체로 지옥이다. 오욕과의 접촉에 의해 더럽혀진다. 아무런 순수한 원칙을 담고 있지 않기 때문에 지독하게 오염되어 가장 악랄한 범죄로 전락할 수 있다. 마음이 고결하고 건전한 자일지라도 악과 접촉할 수 있다. 부패한 이들은 벌을 받는 가운데서도 더 끔찍한 부패로 이끌릴 것이다. 그 자신의 법에 의해서만 판단받는 이, 곧 그리스도를 제외한 누구도 죄와 벌을 위해 담보해 놓은 자리에 순결성을 대치해 놓을 만큼 순수한 자는 없다. 십자가와 교리가 긴밀히 연결됨으로써 혼란을 불러일으킨다. 그리고 그리스도는 그의 형제인 죄인들로부터 멀리 떨어져 나오게 되었다.

 모든 예술과 학문과 노동에서 공통적으로 찾아볼 수 있는 필연성은 바로 물질적 필연성이다. 이는 그리스도교가 세속적 영역으로 들어가는 문이자 그것을 통해 그리스도교를 전파할 수 있는 관문이다. 십자가는 우리 가운데 가장 높은 영역과 낮은 영역을 만나게 해 주는 필연성 그 자체다. 신의 현존으로 인한 초자연적 사랑과 육체적 고통의 환기로 인해 우리는 육체적 감각과 만날 수 있다. 그러므로 우리 존재의 중재적 영역의 필연성에는 광범위한 만남이 개입된다.

어떤 영역에서든 그리스도의 십자가가 영적이고 신비적이지 못하다면 인간의 활동은 아무런 의미가 없다. 어떤 행위도 어린 포도나무의 부러진 가지처럼 떨어져 나갈 뿐이다. 이것이 오늘날 일어나는 일이다. 우리가 눈으로 보고 이해하기 전에 뭐가 잘못되었는지 우리 자신에게 물어야 한다. 오늘날 그리스도인은 그리스도교 신앙이 그들 안에 흐르는 수액임을 깨닫지 못하고 있다. 하지만 그리스도교 신앙의 빛을 거부하지 않는 인간이 있는 곳이라면 언제 어디서든 그리스도교는 꽃을 피우고 열매를 맺어 왔다는 것을 우리는 알고 있다.

로마제국의 특정 시기를 제외한다면 유사 이래 오늘날만큼 그리스도가 부재하는 시대도 없을 것이다. 종교와 사회 활동의 분리가 우리 조상들에게는 죄악시되는 일이었지만 오늘날 대부분의 그리스도인에게는 정상적으로 여겨진다.

그리스도교 정신의 수액은 인간 사회 어디로든 흘러야 한다. 특히 고독 속에 있는 인간을 위한 방향잡이가 되어야 한다. 아버지는 신비 안에 계시다. 그리고 고통보다 더한 신성불가침의 신비는 없다.

절대적 의미가 없기에 답할 수 없는 물음이 하나 있다. 대개 우리 자신에게는 좀처럼 묻지 않는 것이다. 그러나 고통 속에서 영혼은 마치 끊임없이 이어지는 신음처럼 강요받는다. 바로 이것이다. "왜 나에게 이런 일이?"

고통에 처한 이들은 자연스럽게 인간에게서, 사물에게서,

신에게서 해답을 구하려 한다. 설사 신이나 그 밖의 것들을 믿지 않는 사람이라도 마찬가지다. 먹을 것이 없고 시련에 지치고 모진 대우에 시달리고 병들고 감옥에 갇히고 목숨이 위태로운 순간에 고개를 쳐드는 의문이다. 어찌하여 이런 일이 일어나는가? 상황을 초래한 원인을 설명하는 것은 거의 불가능하다. 매우 복잡한 요소들이 개입되어 있기 때문이다. 어떤 것도 적절한 대답이 될 수 없다. "왜?"라는 물음은 "무엇 때문에?"를 의미하는 것이 아니다. "무엇을 위하여?"를 묻는 것이다. 물론 그 목적을 알아내기란 불가능하다. 상상력에 의존할 수는 있겠지만 좋은 방법은 아니다.

우리는 이상하리만치 타인의 고통에 대해서는 무관심하다. 그것을 묻는 일은 아주 드물다. 그런데 반대로 자신이 고통에 떨어지게 되면 그때부터는 끊임없이 묻고 또 묻는다. "왜?" 그리스도 역시 물었다. "어찌하여 저를 버리셨습니까?"(마태 27,46).

고통에 처한 이의 "왜?"라는 물음에 답은 없다. 세상은 필연성에 따라 움직일 뿐 목적은 존재하지 않는다. 세상에 종말이 있다면 선은 다른 세상에 있지 않을 것이다. 우리가 세상 종말의 의미를 찾고자 해도 번번이 실패하겠지만 그럼에도 찾기를 거듭할 것이다.

고통과 아름다움은 우리를 "왜?"라는 의문으로 인도하는 것들이다. 목적을 찾는 우리에게 아름다움은 선의 현존을 생생하게 느끼게 해 준다. 그것은 구하여 얻을 수 있는 것이 아니다. 고통과 마찬가지로 아름다움은 우리에게 "왜?"라고 묻도록 강요한다. 왜 아름다운가? 하지만 한 번에 몇 시간씩 이 질문을 스스로에게 할 수 있는 사람은 드물다. 반면에 고통에 처한 이의 질문은 매시간, 매일, 매해 계속된다. 그러다가 힘이 모두 소진되어서야 비로소 그친다.

소리쳐 외치는 사람뿐만 아니라 잘 듣는 사람이 답을 얻을 것이다. 침묵이 그 답이다. 영원한 침묵. 비통하게 신에게 다가가던 비니(Alfred de Vigny, 1797~1863, 프랑스 작가)의 영원한 침묵. 하지만 그에게도 정의로운 인간이 어떻게 침묵에 답해야 하는지를 알려 줄 권한이 없다. 그 정의가 유일한 것은 아니기 때문이다. 정의로운 인간은 사랑한다. 잘 들을 뿐 아니라 사랑하는 이는 침묵을 신의 음성으로 알아듣는다.

피조물의 언어는 소리를 지니고 있다. 신의 언어는 침묵이다. 신의 사랑의 밀어는 침묵 외에 아무것도 아니다. 그리스도는 신의 침묵이다.

십자가와 똑같은 나무가 없는 것과 마찬가지로 신의 침묵과 같은 조화는 더 이상 없다. 피타고라스는 이 조화를, 별들을 둘러싸고 있으며 깊이를 알 수 없는 영원한 침묵의 조화에 비유했다. 이 세상의 필연성은 신의 침묵이다.

우리의 영혼은 끝없는 소음으로 시끌벅적하다. 그러나 거기에는 침묵의 장소가 존재한다. 어떤 소리도 전혀 들리지 않는 곳이다. 영혼 가까이 다가와 비밀스럽게 모습을 드러내는 신의 침묵에 결합함으로써 우리는 보물과 심장을 우리 안에 지니게 된다. 그리고 과일이 두 쪽으로 갈라지듯 우리 앞에 새로운 공간이 열린다. 우리는 공간 밖의 한 점에서 우주를 바라보고 있다. 오직 두 가지 방법으로만 우리 영혼을 관통할 수 있다. 고통과 아름다움.

많은 사람이 어찌할 바를 모른 채 고통 때문에 무너지는 모습을 보며 우리는 가슴 아파한다. 그런데 세상의 아름다움을 외면하는 것은 어떠한가? 빛나는 별빛, 파도 소리, 고즈넉한 새벽녘 …. 얼마나 오랫동안 우리는 이러한 아름다움을 외면해 왔던가? 세상의 아름다움에 주목하지 않은 것 또한 고통의 형벌을 받기에 충분한 죄목일 것이다. 그러나 처벌받는 대신 우리는 평범한 삶을 살아가게 되었다. 과연 평범한 삶이 고통보다 나을까? 비록 불행한 경우라도 여전히 삶은 그렇게 평범할 것이다.

추측건대 인간 속의 악은 고통의 형태로 인간을 공격하는 외부의 악에 대한 보호막과 같다. 그것이 인간의 바람이자 고통에 뒤따르는 가장 큰 유혹이다. 고통에 처한 이들이 악에 동의하여 고통을 덜고자 하는 것은 언제라도 가능하다.

아주 잠시라도 순수한 기쁨을 맛본 사람, 그리하여 세상의 아름다움을 깨달은 사람에게 고통은 아름다움과 같은 것이다. 그는 고통의 파괴력을 알게 되며 또한 이 처벌이 합당치 않다는 사실도 깨닫게 된다. 결국 그에게 고통은 벌이 아니다. 신이 그의 손을 약간 세게 움켜쥐었을 뿐이다. 고통 속에 그대로 머묾으로써 그는 침묵의 명상 속 깊은 곳에 자리한 신의 침묵이라는 진주를 발견하게 될 것이다.

필연성과 선

베이유의 '필연성' 개념을 집중적으로 다룬 이 발췌 글들은 매우 중요하고도 어렵다. 이 개념은 일단 물질세계에서 비개인적 권력의 원인과 효력을 언급한다. 선과는 거리가 멀다. 그러나 그 또한 신에 의해 창조되었고 신에게 순종하는 것이다. 필연성은 신을 증거할 뿐만 아니라 그리스도의 고통을 수용하는 것이기도 하다. 필연성은 신의 의지에 동의하는 데 초점을 맞춘다. 그러므로 필연성을 잘 읽을 줄 아는 이들은 비록 선은 아니지만 선과 결정적으로 연결되어 있다.

필연성과 선은 먼 거리에 떨어져 있다. 필연성은 끝없는 생각을 요구한다(NB 363).

신은 아무런 기대 없이, 이 세상의 구조 속에서 나타나는 모든 현상을 신뢰한다(NB 361).

마음의 모순은 오직 현실이라는 형식에 대항하도록 길러진다. 판단 기준은 무엇이 현실인가 하는 점이다. 상상에 모순이란 없다. 모순은 필연성의 한 부분의 실험이다(NB 329).

필연성은 신의 베일이다.

우리는 감성 뒤에 있는 필연성을, 필연성 뒤에 있는 질서를, 질서 뒤에 있는 신을 읽어야 한다(NB 266-7).

섭리: 가장 좋은 정의는 (플라톤의 대화편) 『티마이오스』 *Timaeus*에 나온다. 선의 동기는 필연성의 동기를 설득한다. … 두 평면 위의 합성. 어떤 의미로 필연성은 선을 제한한다. 다른 의미로는 그렇지 않은데, 필연적이어야 하는 것이 곧 선이기 때문이다(NB 254).

● ● ●

신이 사랑받기 위해 세상을 창조했다고 믿는다면, 신이 신 아닌 다른 것은 창조할 수 없고 더 나아가 신 아닌 그 무엇에게서도 사랑받을 수 없다는 것을 믿는다면 우리는 모순에 직면할 수밖에 없다. 모순 안에는 필연성이 포함되어 있다. 달리 말하면 모든 모순은 완성의 과정을 통해 변화한다. 신이 창조한 유한한 존재, '나'라고 불리는 그것은 신을 사랑할 수 없다. 은총 덕분에 '나'는 조금씩 조금씩 사라진다. 신은 창조의 방식으로 그 자신을 사랑한다. 자신을 비워 무無가 되는 방식으로. 피조물이 사라질수록 신은 창조를 거듭하며 그것들의 탈창조를 돕는다. 모순을 반영하는 변화의 상태에서 시간은 생성된다. 이 안에 포함되어 있는 모순은 호두 껍질 속의 필연성 전체를 대변한다(NB 330-1).

신의 무력함. 그리스도는 십자가에 못 박히셨다. 아버지는 그를 십자가에 못 박히게 내버려 두었다. 동일한 무력함의 두 가지 양상. 신은 전능함을 행사하지 않았다. 만약 그렇게 했더라면 우리는 존재하지 못했을 것이다. 아무것도 존재할 수 없을 것이다. 창조: 신은 필연성으로 자신을 옭아맸다 — 누군가는 그 쇠사슬이 죽음 앞에서는 풀릴 것으로 기대할지 모른다. 그러나 우리는 또한 분리되어 존재하기를 멈춘다 — 악과 서로 얽혀 떨어질 수 없음에도 불구하고 창조는 선일까? 신 홀로가 아니라 내가 존재해야 진정한 선이라는 것은 무슨 의미일까? 비참한 나를 통해 신은 어떻게 사랑할 수 있을까? — 내가 이해할 수 없는 것이다. 그러나 내가 겪는 모든 고통을 신도 겪는다. 그것은 필연성에 의해 생겨난 것이고 신성모독을 배제한 공짜 연극이기 때문이다(그도 인간이었고 먹을 것이 필요했다)(NB 191).

채워지지 않는 갈망, 불행, 고통, 무거운 가난의 짐, 벅찬 노동, 잔학, 고문, 비참한 죽음, 긴장, 공포, 질병 … 이 모두가 신의 사랑이다. 우리로부터 사랑을 철회하는, 그리하여 우리가 사랑할 수 있는 그는 신이다. 그 사랑의 빛에 그대로 노출되어 버린다면 시간과 공간, 그 무엇과도 상관없이 우리는 햇볕 아래 물처럼 증발되고 말 것이다. 우리 안에 사랑할 가능성을 만들어 내는 충분한 '나'는 없을 것이다. 사랑을 위해 항복할 '나'는 없을 것이다. 필연성은 신과 우리 사이에 있는 장막이다. 그래서 우리는 우리일 수 있는 것이다. 그 가림막을 꿰뚫을 수 있고 그리하여 존재하기를 그칠 수 있는 것이다. 이 무한한 거리 너머에 신이 존재한다는 사실,

그리고 오직 신 안에 선이 존재한다는 사실을 이해하지 못한다면 우리는 결코 그것을 뚫을 수 없을 것이다(NB 402).

신은 호된 시련을 주기 위해 괴로움과 슬픔을 보낸 것은 아니다. 필연성을 통해 적당한 구조 속에서 고통을 조화롭게 분배해 두었다. 그렇지 않다면 우리의 존재 여부를 결정짓기 위해 존재하는 신이 창조를 철회할 수도 있는 일이다. 이 우연한 접촉은 신과 피조물 사이에서 신의 영속적 부재나 그 사랑보다는 다소 덜 놀라운 증거로 이루어져 있음을 일깨워 준다. 신의 부재는 완전한 사랑의 가장 놀라운 증거다. 그러므로 순수한 필연성, 선과는 명백히 다른 그 필연성이 그토록 아름다운 것이다(NB 403).

• • •

필연성 없이 신의 사랑을 이해하기란 불가능하다. 또 그 사랑을 손에 넣거나 다른 방법으로 거기에 참여하는 것도 불가능하다(NB 66).

"필연성의 본질과 선의 본질 사이에는 어떤 차이가 있는가?" 이것을 이해할 때 우리는 선에 대한 존중에서 멀어지게 된다. 신과 창조는 하나지만 서로 무한히 떨어져 있다. 이 근본적 모순은 필연성과 선 사이에 반영되어 있다. 거리를 느낀다는 말은 영적 관대함, 그리고 십자가에 못 박히는 것을 의미한다. … 이 거리는 오직 내리막길로만 이어진다. 오르막길이 아니다. 신에게 이어진다는 것은 그가 창조주라는 증거이기도 하다(NB 400).

세상은 우리에게 들려주는 신의 언어다. 우주는 신의 말(Verbum)이다(NB 480).

죄수 둘을 상상해 보자. 그들은 옆 감방에서 서로 벽을 두드리며 의사소통을 한다. 벽은 둘을 갈라놓지만 또 의사소통을 가능케 하는 것이기도 하다. 신과 우리의 관계도 이와 같다. 모든 별리는 또 다른 연대를 뜻한다(NB 497).

인간은 난파선과 같다. 돛대에 달라붙어 파도에 흔들린다. 바다에 맞설 힘이 인간에게는 없다. 하늘 높은 데서 신은 인간에게 밧줄을 던져 준다. 밧줄을 잡을지 말지는 인간의 선택이다. 아직 인간은 바다의 영향력하에 놓여 있다. 그 영향력과 밧줄과의 새로운 관계가 형성된다. 인간과 바다 사이의 구조적 관계가 변화한 것이다. 밧줄을 잡은 손에서 피가 흐를 수도 있다. 바다의 힘에 의해 간혹 내동댕이쳐지기도 하지만 인간은 다시 밧줄을 잡는다. 만일 인간이 밧줄을 거부한다면 신은 그 줄을 거두어들일 것이다(FLN 82).

신의 사랑

신을 믿는 것은 우리가 내릴 수 있는 결정이 아니다. 우리가 할 수 있는 일이란 자기의 사랑을 거짓 신에게 주지 않는 것

뿐이다. 현재와 다른 풍요로운 미래만을 꿈꿔서는 안 된다. 지금의 문제는 미래에도 여전할 것이다. 현재 주어진 선을 우리는 잘 인식하고 있다. 재산, 권력, 사상, 친구, 사랑하는 이들로부터의 사랑과 그들의 안위 등등이 모두 만족스럽지는 않다. 여전히 더 많은 것을 얻게 될 날이 오리라 기대하고 있다. 스스로에게 기만당하고 있는 것이다. 좀 더 숙고한다면 우리는 그것이 거짓임을 알게 된다. 병을 앓거나 가난이나 불행을 겪고 있다면 우리는 그것이 끝나야 행복해질 것이라고 생각한다. 그러나 이 생각 역시 틀리다. 고통이 사라지면 우리는 또 다른 것을 원한다.

필연성을 선과 혼동하지 말아야 한다. 살면서 꼭 필요하다고 여겨지는 것들이 있다. 우리 생각은 종종 맞지 않는다. 그것들을 잃더라도 우리는 살아야 한다. 그것을 잃음으로써 죽음에 이르게 되거나 적어도 우리의 본질적 힘을 잃게 될지라도, 반드시 그것들로 인해 우리가 선해지는 것은 아니다. 그 누구도 단순하고 순수한 삶만으로 오래도록 만족하지는 못한다. 인간은 언제나 그 이상을 원한다. 무엇인가 의미 있게 살기를 원한다. 하지만 결국 이 세상을 살아갈 만한 이유가 없다는 사실을 스스로 정직하게 깨닫는 것이 필요할 뿐이다. 자신의 욕망이 충족되었다고 상상할 따름이다. 그리고 이내 불만스러워진다. 무언가 다른 것을 원하게 되고 그것이 무엇인지 모르게 되면서 우리는 불행해진다. 다만 할 수 있는 일이란 진실에 정신을 집중시키는 것뿐이다.

예를 들어 혁명가들은 (스스로를 속이지 않는 한) 혁명이 성공해도 행복해지지 않으리라는 것을 깨닫게 된다. 그렇게 되면 살아갈 이유를 잃는 것과 마찬가지다. 이와 같은 현상은 모든 욕망에 똑같이 적용된다.

인간에게 주어진 그대로의 삶은 거짓에 의존하지 않고는 견디기 힘든 것이다. 거짓을 말하기를 거부하는 이들과 삶의 고단함을 깨닫는 이들은, 운명에 저항하지 않더라도 결국에는 시간을 초월하여 어딘가에 있는 그대로의 삶을 받아들이게 된다.

우리는 악의 존재와 그로 인한 공포를 느낀다. 그리고 거기서 자유로워지고 싶어 한다. 악은 고통이나 죄가 아니다. 아니 그 모두이기도 하다. 그 둘은 일상적인 것으로 서로 연결되어 있다. 죄는 우리를 고통스럽게 하고 고통은 우리를 악으로 만든다. 끝없는 고통과 죄의 복합성이 바로 악이다. 우리는 악 때문에 스스로의 의지와는 반대로 가라앉게 되고 공포에 몸을 떤다.

악의 일부는 우리 안에 있다. 우리는 관심과 욕망의 대상을 악에 투사한다. 그것들은 다시 자신에게 반영된다. 악이 그들로부터 온 것과 같은 이치다. 악에 가라앉은 자신을 발견함으로써 우리에게 증오와 염증이 일어난다. 그 자체가 우리를 악에 가두는 것으로 보인다. 염증은 우리에게 다정한 사람들과 주변 사람들 그리고 그 공간을 증오하게 만든다. 노동자들이 공장을 싫어하는 것도 그와 같은 이치다.

완벽하게 순수한 그 무엇 위에 우리 악의 일부를 투사하더라도 우리가 더럽혀지지는 않는다. 여전히 순수함은 남아 우리에게 악을 반영하지 않는다. 우리는 악으로부터 구원받는 것이다. 우리는 유한한 존재다. 우리 안에 있는 악 역시도 유한하다. 그러므로 인간의 삶이 지속되다가 궁극에 가서는 이 세상 안에서 악으로부터 구원받으리라는 사실을 절대적으로 확신할 수 있는 것이다.

「주님의 기도」는 완벽하게 순수하다. 최대한 집중하여 기도하는 마음으로 「주님의 기도」를 외는 사람은 자기 자신 속에 존재하는 여하한 악으로부터도 구원받을 수 있음을 확신한다. 영성체 동안 그리스도가 거기 존재한다는 것 외에 다른 생각 없이 묵상에 잠길 수 있다면 그 역시 구원이다.

성물, 성경, 배경으로서가 아니라 그 자체로서의 자연의 아름다움, 신이 머무는 장소로서의 인간 존재, 천상 영감을 불러일으키는 예술가 이외에 그 무엇도 순수하지 않다.

세상에 현존하는 신 말고 완벽하게 순수한 것은 없다. 신이 아닌 그 무엇도 순수하지 않다. 신이 현존하지 않는다면 우리는 결코 구원받지 못할 것이다. 순수함을 지닌 영혼만이 구원받을 수 있다. 천상의 순수함을 통해 악의 공포는 사랑으로 변화한다. 마리아 막달레나, 예수 오른편의 죄인은 이러한 방식으로 사랑과 존중을 받는 존재가 되었다.

공포가 사랑으로 변화하는 데 유일하게 장애가 되는 것은 자의식이다. 순결함과 만남으로써 드러나는 자신의 부끄러움을 고통스럽게 여기는 것이다. 이는 자신의 수치스러움을 무심히 대할 때라야만 극복할 수 있다. 인간은 자신을 의식하지 않을 때 순결한 무언가의 존재를 깨닫고 기뻐하게 되는 것이다.

순결함과 만남으로써 악은 변형된다. 이로써 영원할 것만 같았던 죄와 고통의 콤플렉스에서 벗어날 수 있게 된다. 이 만남을 통해 고통은 서서히 죄와 섞이게 되고 죄는 단순한 고통으로 변모된다. 이러한 영적 작용을 회개라 부른다. 우리 안에 있는 악 위에서 기쁨이 빛나는 것이다.

완전하고 유일하며 순수한 존재가 이 지상에 현존해야 했기에 그분은 세상의 죄를 없애는 어린양이 되었다. 우리가 주목하기에 충분할 만큼 그에게는 큰 고통이 주어졌다.

신은 그 자신을 드러내기 위해 완벽한 순수함을 지상에 남겨 두었다. 신의 현존을 드러내는 사물을 남겨 둔 것이다. 그렇지 않다면 신의 순결함은 악과의 접촉으로 인해 사라지고 말 것이기 때문이다.

사람들이 늘 교회 안에 있는 것은 아니다. 악이 변모하는 이러한 영적 작용이 일상 안에서 일어나는 것, 특히 일터에서 일어나는 것은 대단히 바람직하다.

천상의 진실을 읽어 내도록 만드는 상징, 일상의 삶과 작업장 안에서도 그 상징을 읽어 내는 방법을 통해 이 모든 것이 가능하다. 일상적 삶과 일의 목적을 위하여 상징은 독단적이어서는 안 되며 사물의 본성 안에서 섭리에 의해 아로

새겨져야 한다. 복음의 비유는 이 상징주의의 한 예다.

감각 세계의 질서와 천상의 진실 사이에는 유사성이 있다. 지상의 모든 물질에 적용되는 중력의 법칙은 영혼의 경향을 관장하는 육체적 이미지를 상징한다. 중력을 극복하는 유일한 힘은 태양이다. 하늘에서 내려오는 이 에너지를 받아들인 식물은 하늘을 향해 자라난다. 그 에너지를 취함으로써 인간과 동물에게 먹힌다. 우리는 똑바로 서고 물건을 들어 올릴 수 있는 것에 감사해야 한다. 에너지의 다른 모든 원천(물, 석탄, 석유 등)도 같은 방식으로 취해진다. 자동차를 달리게 하고 비행기를 날게 하는 것도 태양이다. 새를 날게 하는 것도 마찬가지다. 우리는 태양에너지를 얻으러 가지 않는다. 다만 받을 뿐이다. 그 에너지는 하늘에서 내려오는 것이다. 그것이 식물에 들어가 씨앗이 되고 땅 밑 어둠 속에 머문다. 그 역동적 에너지는 심지어 죽은 나무나 나무 기둥에도 남아 역시 수직으로 흘러내린다. 우리는 그 나무로 집을 짓는다. 그것은 또한 은총의 이미지다. 은총은 아래로 향하며 우리 영혼의 어둠에까지 이른다. 도덕적 중력의 법칙으로서 악에 저항할 수 있는 유일한 에너지의 원천이다.

태양에너지를 이용하는 것이 농부의 일만은 아니다. 그러나 식물이 그것을 받아들일 수 있도록 조건을 마련하고 최적의 상태로 인간에게 이르게 하는 것은 농부의 일이다. 이러한 작업에 농부가 쏟는 노력은 그 스스로 만들어 내는 것이 아니다. 그는 음식을 통해 에너지를 공급받는다. 다시 말해 식물과 그 식물을 통해 영양을 취하는 동물의 고기에 포함된 태양에너지를 공급받는 것이다. 같은 방식으로 우리가 선을 위해 할 수 있는 유일한 노력은 우리의 영혼을 은총 아래 드러내는 것이다. 이러한 노력을 위해 필요한 에너지를 공급하는 것이 은총이다. 농부나 목축업자는 신과 창조 사이의 관계를 표현하는 배우와 비슷하다.

태양에너지뿐만 아니라 이 에너지를 음식으로 변형시키는 과정도 인간에게는 불가사의하기만 하다. 현대 과학은 클로로필(엽록소)이라는 광합성 요소를 밝혀냈다. 옛사람들은 이것을 단순히 수액이라고 불렀다. 태양이 신의 이미지를 지녔다면 클로로필은 태양에너지를 이용하여 중력에 반하고자 한다. 이것은 부서지고 파괴되기를 자청한다. 그리하여 인간의 생명을 유지시켜 주는 클로로필은 아들, 매개자, 중간자의 이미지다. 농부의 모든 작업은 이러한 이미지 안에서 이루어진다.

한 편의 시와도 같은 이 작업을 영원의 빛으로 가득 채워야 한다. 그렇지 않으면 단조로움은 농부를 절망과 무관심에 빠뜨리거나 별 볼일 없는 휴식에 안주하게 만들 수 있다. 농사일은 허무에 빠지기 쉽다. 인간은 먹기 위해 육신이 탈진하기까지 일하고 또 일할 힘을 얻기 위해 먹는다. 노동으로 한 해를 보내고 나면 모든 것은 처음으로 돌아간다. 농부는 순환 주기 안에서 일한다. 단조로운 삶은 구원에 있어 더욱 좋고 적당한 것이다.

또, 신의 사랑

우리가 간직하고 있는 신의 사랑은 모든 순간 우리 존재의 질료이자 핵심 그 자체다. 우리를 존재 안에 유지시키는 신의 창조적 사랑은 단순한 관용이 아니다. 그것은 포기이며 희생이다. 창조는 정열이고 동시에 단념이며 희생이다. 정열은 다만 그 완성을 드러낼 뿐이다. 신은 창조로써 그 자신의 권위를 비워 냈다. 스스로를 노예로 만들어 순종하며 한없이 낮추었다. 그의 사랑은 선하고 평범한 곳보다는 다른 데서 더욱 확연히 드러난다. 사랑 안에서 신은 인간이 고통에 처하거나 죄를 짓게 내버려 둔다. 그렇지 않으면 그들은 존재하지 않을 것이다. 불꽃이 나비를 태워 버리듯 신의 존재는 그들을 지워 버릴 수도 있다.

   종교는 신이 평범함과는 다른 차원의 유한한 시작을 창조했다는 사실을 일깨운다. 우리 인간 존재는 극한 상황에 놓여 있다. 더 이상 신을 사랑하거나 신을 품는 것이 불가능한 상황에 처한 것이다. 여기 있는 우리는 다만 동물일 뿐이다. 존재 이유를 부여받은 피조물로서 우리는 신에게서 멀리 떨어져 있다. 이것은 대단한 특전이다. 신이 우리를 가까이 두기를 원한다면 우리는 기나긴 여정을 감당해야 한다. 신이 우리의 마음을 얻어 소유하고 변화시키려 할 때 신에게로 향한 긴 여정은 이제 우리의 몫이 된다. 사랑은 거리에 비례한다.

신이 그토록 먼 거리를 두고 존재를 창조했다는 것은 놀라운 사랑을 의미한다. 그 존재들에게 다가가기 위해 저 높은 데서 내려오는 것 또한 크나큰 사랑 때문이다. 그리고 그들이 신에게 다가가기 위해서 그렇게 높이 올라가려 하는 것도 믿을 수 없을 만큼 깊은 사랑에 의해서다. 그것은 같은 사랑이다. 그들은 같은 사랑에 의해서만 나아갈 수 있다. 신이 그들을 찾아 내려올 때 그들에게 부여한 것과 같은 사랑이다. 그토록 먼 거리에서 그들을 창조한 바로 그 사랑이다. 창조와 고난을 분리할 수는 없다. 나의 존재는 신의 찢어진 상처와 같다. 그 열상은 사랑이다. 내가 평범할수록 내 존재 안에서 나를 유지시키는 무한한 사랑은 더욱 분명해진다.

세상 어디에나 존재하는 고통과 죄의 형상으로 나타나는 악은 우리와 신 사이의 거리를 보여 주는 신호다. 그런데 이 거리는 사랑이다. 그러므로 악은 사랑받아야 한다. 악을 통해서 신을 사랑하라는 의미다. 아이가 어릴 적에 놀다가 무언가 아주 귀한 것을 깨뜨렸다면 어머니는 그 실수를 달가워할 리가 없다. 하지만 나중에 아이가 멀리 떠나 있거나 죽거나 할 경우 어머니는 아이의 어릴 적 잘못을 무한한 애정으로 떠올린다. 그 일은 이제 어머니에게 자식의 존재의 신호일 뿐이다. 세상의 모든 좋은 것과 나쁜 것을 통해 아무런 차별 없이 신을 사랑해야 하는 이유가 바로 이 때문이다. 오직 선한 것으로만 사랑하려 한다면 우리가 사랑하는 것은 신이 아니라 다만 그렇게 이름 붙인 세속적인 그 무엇이다.

보상하거나 정당화하는 방식으로 악을 감하려 해서는 안 된다. 우리는 신을 사랑해야 한다. (악을 포함하여) 실제로 일어나는 모든 일, 모든 현실이 신을 드러내는 것이다. 어떤 현실은 다소 투명해 보이나 다른 것들은 몹시 희미하다. 그러나 신은 그 모든 것 너머에 있다. 아무런 차별 없이 시선을 고정시키는 것이 바로 우리가 할 일이다. 그를 볼 수 있을지 없을지는 모른다. 환히 비치는 현실이 없다면 우리는 신에 대해 아무것도 알 수 없을 것이다. 만일 모든 현실이 투명하다면 신이 없는 것이 아니라 다만 우리가 사랑할 빛의 감각이 투명한 것이다. 우리가 신을 보지 못하는 때는 그의 현존이 감각적으로 우리 영혼의 어떤 부분에도 인지되지 않는 때다. 신을 사랑하기 위해 우리는 자신으로부터 진실로 떨어져 나와야 한다. 이것이야말로 참으로 신을 사랑하는 길이다.

그러므로 시선을 줄곧 신을 향해 한 치의 흔들림도 없이 유지해야 한다. 그렇지 않으면 그 빛과의 사이에 막이 드리워질 때 어떻게 옳은 방향을 찾을 수 있겠는가? 그러므로 미동조차 없이 그대로 있어야 한다.

움직임이 없다는 것이 행동을 금한다는 의미는 아니다. 그것은 영적인 움직임을 말하는 것일 뿐 실제 동작을 의미하지는 않는다.

움직이지 말아야 한다. 진실로 우리 자신의 의지로 행동하기를 삼가야 한다. 처음부터 우리는 엄격한 의무를 바탕으로 긴장하여 행동해야 한다. 그래야만 신이 우리에게 부여한 의무를 수행했다는 믿음을 가질 수 있는 것이다.

행동이란 노력을 요구하는 엄격한 의무의 수행이다. 신에 대한 순종의 측면에서 행동은 수동성을 띠게 된다. 엄격히 말하자면 행동에는 어떠한 고통이든 견디며 이겨 내는 능력이 수반되어야 한다. 그리스도의 십자가가 바로 그 모범이다. 심지어 순종의 행위일지라도 외부에서 보면 큰 손실이 동반되는 것으로 보일 것이다. 영혼의 수동적 인내 말고는 아무것도 중요하지 않다.

의도된 노력이 있기는 하다. 우리의 시선을 언제나 신을 향하도록 하는 것이다. 흔들릴 때는 다시 되돌아오게 하고 가능한 모든 집중력으로 시선을 고정시킨다. 이것은 대단히 어려운 일이다. 사실 우리의 온 존재가, 신을 향해 고정된 이 시선이 죽음을 예감한다고 느끼기 때문이다. 우리는 죽음을 원하는 것이 아니기에 반항한다. 그리고 모든 거짓을 꾸며 낸다. 이 가운데는 신의 이름을 한 거짓도 있다. 신의 이름을 표방한 특정 사회, 삶의 방식, 영혼의 안식, 기쁨의 원천, 희망, 위로에 대해 말해 주는 사람들을 사랑하게 될 때 우리는 신에 대해 알아 간다고 생각할 수 있다. 그런 경우 우리 영혼의 미욱한 부분은 완벽하게 안전하다. 기도조차 아무런 영향력이 없다.

또 다른 거짓은 기쁨과 고통에 관련 있다. 기쁨과 고통이 때로 우리를 행동하게 하고 실패하게 만들며 시선을 신으로부터 돌리게 한다는 사실을 잘 알고 있다. 이런 일이 일어날 때 우리는 기쁨이나 고통에 의해 정복당했다고 생각한다. 그러나 이것은 다만 환상에 지나지 않는다. 감각적 기쁨이나 고통은 그저 우리를 신으로부터 돌아서게 만드는 미미한 핑계일 뿐이다. 그 안에는 힘이 없다. 기쁨이나 고통을 포기하거나 참아 내는 것이 대단히 어려운 일은 아니다. 일상에서 평범한 사람들이 그렇게 하는 것을 종종 보기도 한다.

그런데 신의 이름으로 아주 작은 쾌락을 포기하거나 약한 고통에 자신을 드러내기란 얼마나 어려운 일인가. 참된 신은 하늘에 있을 뿐 세상 어디에나 있지 않다. 접근을 통한 노력이 필요한 것이다. 우리는 고통이 아닌 죽음을 향하고 있다. 육신의 죽음보다 더욱 혁명적이고 자연에 반하는 죽음, 우리 안에 있는 '나'라는 존재의 죽음이다.

육체가 우리를 신에게서 멀어지게 하는 일이 종종 일어난다. 그런데 사실은 그 반대다. 영적이기만 한 존재는 신의 엄중한 현존을 지닐 수 없다. 간혹 영혼은 육신 저 너머에 피난처를 택해 장막을 드리우기도 하지만 이런 경우 우리로 하여금 신을 잊게 만드는 것은 육체가 아니다. 육신 안에 자신을 가둠으로써 신을 잊게 만드는 것은 영혼이다. 영혼의 일부가 그 순수함을 누르고 있는 한 우리는 반역에 이끌린다. 작은 실패조차도 반역 행위가 될 수 있다. 이 경우가 더 나쁜 것은 약함의 결과이기 때문이다. 반역은 노력하거나 자신을 가혹하게 다룬다고 해서 피할 수 있는 것이 아니다.

그것은 선택의 결과일 뿐이다. 신으로부터 자신을 감추려 하는 우리의 일부를 이방인이나 적으로 여기는 것이다.

끊임없이 우리 자신 안에서 (제아무리 미미한 것일지라도) 신을 부르는 목소리에 대한 맹세를 새롭게 해야 한다. 이 무한한 영역은 우리가 거기 머무는 한 씨앗이 퍼져 나가듯 끝없이 증가한다. 우리가 과정에 참여하지 않아도 이 일은 진행된다. 우리는 고착을 거부함으로써 이 성장에 참여할 수 있다. 성장은 우리 안에서 우리가 관여하는 어떤 행위 없이도 이루어진다.

죽음을 피하려는 우리 내면의 일부 계획과 속임수는 신을 향한 그릇된 노력일 뿐이다. 이것은 특히 위험하다. 그런 노력이 왜 실패했는가를 이해하기 어렵기 때문이다. 위의 일부 계획들이 우리에게 구원의 길을 더 잘 가르쳐 주는 것처럼 느껴진다. 그리하여 우리는 무엇인가 악과 비슷한 존재로 인해 믿음을 강요당한다.

허공을 향해 뜀뛰는 방식으로 신을 찾는 이들이 있다. 매번 조금씩 더 높게 뛰면 결국 하늘에까지 닿을 수 있으리라는 희망으로 뛰어오른다. 헛된 희망이다. 그림 형제의 동화 『용감한 꼬마 재봉사』에는 꼬마 재봉사와 거인 간의 힘겨루기 이야기가 나온다. 거인이 돌멩이를 하늘로 던진다. 돌멩이가 땅에 다시 떨어지기까지 시간이 꽤 걸린다. 꼬마 재봉사는 자기가 더 잘할 수 있다며, 주머니에 넣고 다니던 새를 돌멩이인 양 놓아준다. 그리고 자기가 던진 돌은 땅에 떨어지지 않을 것이라고 말한다.

날개가 없는 것은 언제고 다시 땅에 떨어지게 돼 있다. 하늘을 향해 뜀뛰는 사람들은 그 행위 자체에 몰두하느라 정작 하늘은 쳐다보지 못한다. 쳐다봄으로써 우리는 문제를 헤아리고 신을 내려오게 할 수 있다. 신은 우리를 들어 올리고 날개를 달아 준다. 육체적 노력은 하늘을 쳐다보는 것을 방해하는 데 효과적이다. 부정적으로 유용한 노력인 셈이다. 신을 바라보게 하는 영혼의 한 부분은 짖어 대고 물어뜯고 행패 부리는 개 떼에 둘러싸여 있다. 개 떼는 채찍으로 통제해야 한다. 그러나 설탕으로 타이르는 것이 가능하다면 반대할 까닭이 없다. 채찍이든 설탕이든 다 필요하다(성질과 강도가 다른 두 가지 방법 모두 중요하다). 문제는 개를 훈련시켜 짖지 않게 얌전히 만드는 것이다.

이 훈련은 영적 상승을 위한 조건 가운데 하나일 뿐 그 자체가 힘을 상승시키지는 않는다. 오직 신만이 힘을 상승시킬 수 있다. 우리가 바라볼 때 신은 우리에게 다가온다. 바라본다는 것은 사랑한다는 의미다. 신과 인간 사이에 사랑 말고 다른 관계는 없다. 신에 대한 우리의 사랑은 남자를 기다리는 여인의 사랑과 같아야 한다. 여인의 사랑은 앞장서 드러내 보이지 않고 다소곳이 참을성 있게 기다림으로써 표현하는 것이다. 신은 신랑이다. 신랑은 자신이 택한 여인을 향해 다가오고 그녀에게 말을 걸고 그녀를 데려간다. 신부 될 여인은 그저 기다리기만 하면 된다.

파스칼은 "그대가 나를 발견하지 않았다면 나를 찾지 않았을 것이다"라고 말했다. 플라톤의 말은 더욱 심오하다. "너를 스쳐 지나가는 모든 사물로부터 너의 온 영혼을 다해 시선을 거둬라."

찾는 것은 인간의 일이 아니다. 신을 믿는 일조차 인간의 몫이 아니다. 인간은 다만 신 아닌 모든 것에 대한 자신의 사랑을 거부해야 한다. 이 거부는 어떤 믿음을 전제로 하는 것이 아니다. 확실한 인식으로 충분하다. 세상의 좋은 것들, 과거·현재·미래, 모든 현실과 상상은 유한한 것으로, 무한하고 완전한 선을 향해 내면에서 끝없이 타오르는 욕망을 충족시킬 수는 없다. 인간은 모두 이 사실을 알고 있다. 사는 동안 한 번 혹은 잠시나마 그것을 깨닫는다. 그러고 나서도 자신을 속이기를 멈추지 않는다. 더 이상 알려 하지 않는다. 그것을 안다면 그대로 살아갈 수 없음을 느낀다.

그 느낌은 진실이다. 부활로 향하는 죽음을 받아들여야 하는 것이다. 그들은 미처 알지 못했다. 그저 죽음만을 예견했을 뿐이다. 진실과 죽음, 거짓과 생명 가운데 하나를 선택해야 한다. 누군가 전자를 택해 그것을 고수한다면, 가치 없는 것에 사랑을 바치기를 거부한다면, 그리하여 세상만사에 이 원칙을 적용한다면 그로써 족하다. 이러한 자세를 견지하는 어느 날 신이 그에게로 올 것이다. 그는 신을 보고 듣고 신에게 매달릴 것이다. 그는 구원할 수 없는 진실의 확실성을 얻게 될 것이다. 이는 그가 의심할 수 없다는 의미가 아니다. 의심한다는 것은 능력이자 마음의 의무다. 만약 의심이 드러난다면 인간은 불확실성을 거리낌 없이 즐겨야 하며 다만 확실성을 인식하면 된다.

신이 소유한 인간 누구에게나 신의 진실에 관한 의심은 순수하게 추상적이며 말뿐인 것이다. 그것은 감각적 사물의 진실에 관한 의심보다 더 추상적이며 단지 말로 이루어져 있다. 의심이 나타날 때 그것이 얼마나 추상적이고 말뿐인지를 깨닫기 위해 거리낌 없이 즐겨야 한다. 결과적으로 신앙의 문제는 일어나지 않는다. 그저 단순한 믿음일 뿐이다. 대단한 믿음을 가지고 있든 그렇지 않든 문제 될 것은 없다. 회의를 통해서도 결과적으로 같은 믿음에 도달할 것이기 때문이다.

인간 앞에 놓인 유일한 선택은 세상에 그의 사랑을 나눌 것인지 말 것이지에 관한 것이다. 사랑을 나누는 것을 거부한다고 가정해 보자. 그를 움직임 없이 한곳에 머물게 해 보자. 찾아다니는 일 없이 미동도 없이 기다리는 것, 무엇을 기다리는지 알려 하지 않는 것은 어느 길로도 신은 그에게 다가온다는 절대적 확신이 있기 때문이다. 알아보려는 노력은 신의 일을 쉽게 하는 것이 아니라 오히려 방해한다. 신이 소유한 인간은 더 이상 무엇을 찾지 않는다. 신의 소유가 된 인간은 파스칼이 말한 '찾는다'라는 단어를 그 의미 그대로 사용하지 않는다.

그렇다면 우리는 어떻게 신을 찾을 수 있는가? 신은 하늘에 있어 우리에게 열려 있지 않은 차원에 존재하는데 말이다. 우리는 수평적으로 더 나아갈 수 있을 뿐이다. 이렇게 나아가 성공한 듯 느껴지더라도 그것은 환상일 뿐 신을 발견한 것은 아니다.

엄마를 잃어버린 어린아이는 길거리 여기저기를 울면서 뛰어다닌다. 하지만 그래서는 안 된다. 있던 자리에 그대로 침착하게 머물면서 엄마를 기다리는 편이 엄마가 아이를 찾으러 오는 데 훨씬 도움이 될 것이다.

우리는 부르면서 기다리기만 하면 된다. 누군가를 부른다는 것이 아니다. 누가 있는지 모르기 때문이다. 배가 고프면 빵을 달라고 소리친다. 잠시 혹은 오랫동안 울면 결국 빵을 얻게 될 것이다. 처음에는 믿지 않았더라도 거기 진짜 빵이 있다는 사실을 알게 된다. 먹을 것을 청하는 이를 먹여 주는 것보다 더 확실한 증거가 무엇이겠는가? 사실 먹기 전에는 빵을 믿는 것이 별 소용 없는 일이다. 중요한 것은 누가 배가 고픈지를 아는 것이다. 이것은 단순한 믿음이 아니다. 절대적으로 확실한 지식이다. 하지만 거짓으로 인해 불분명해질 수도 있는 것이다. 세상에 음식이 존재하고, 어느 날 그것이 주어질 것을 믿는 이는 거짓을 말할 수도 있다. 반면 하늘의 음식은 우리 안에서 선을 자라게 할 뿐만 아니라 악을 파괴한다. 우리 자신의 노력만으로는 결코 행할 수 없는 일이다. 내면의 악의 절대량은 완전한 순수함에 시선을 고정시키는 것으로만 줄어들 수 있다.

다시금, 신의 사랑

베이유의 사상 가운데 자아의 '탈창조' 개념을 강조하는 글이다. 기도에 관한 베이유의 이해처럼 '탈창조'는 신 안에서 새로운 자아를 재창조하는 것과 같다.

욕망과 탈창조

　실험적이고 존재론적인 증거. 내 안에서 나를 일으키겠다는 원칙을 가지고 있지 않다. 공기를 타고 하늘로 올라갈 수는 없다. 그것은 나보다 더 나은 무엇, 그 무언가에 의해 위로 끌어올려지는 것으로, 신을 향해 내 생각을 방향 짓는 것으로만 가능하다. 내가 정말로 위로 끌어올려진다면 나를 당기는 무엇인가는 진짜다. 상상의 완벽함은 내가 그것을 상상하는 바 수학적으로 같은 차원에 있다 — 더 높지도 낮지도 않다. 다양한 완벽함으로 향하는 자신의 생각을 방향 짓는 것이 나를 끌어올리는 힘이다(NB 434).

　자아의 사랑이 유일한 사랑이다. 그러나 신만이 그 자신을 사랑할 수 있다. 이것이 바로 신이 우리를 통해 자신을 사랑하도록 우리가 기도하는 것 외에 다른 사랑이 없는 까닭이다(NB 193).

　우리는 포기하는 것만 소유한다. 포기하지 않는 것은 우리를 피해 달아난다. 이 말은 신을 통하지 않고서는 아무것도 소유할 수 없다는 뜻이다(NB 544-5).

신은 나를 존재의 외양을 가진 무존재로 창조했다. 사랑을 통해 내가 존재의 외양을 포기하도록 하기 위해서, 존재의 완전성에 의해 소멸되도록 하기 위해서다(FLN 96).

파괴는 탈창조의 대척점에 있다. 우리는 이것을 분명하게 인식하도록 노력해야 한다. … 구원의 고통. 인간이 완전한 상태에 있을 때, 은총의 도움으로 인간이 자신 안의 '나'를 완전히 파괴했을 때, 만약 그때 자연스레 그에게 반응하는 고통의 지점으로 떨어진다면, 그의 안에 있는 '나'가 접촉할 것을 가정하면서, 무에서부터 '나'의 파멸에까지 — 그것은 십자가의 완전함을 대표한다. 고통은 그 안에 있는 '나'를 파괴하지 못한다. 그 안에 더 이상 '나'가 존재하지 않기 때문이다. 나는 사라지고 신을 위한 공간만 남는다. 고통 없는 '나'의 파괴와 걸맞는 완전함의 단계에서 생성되는 효과가 있다. 그것은 신의 부재를 낳는다. "저의 하느님, 저의 하느님, 어찌하여 저를 버리셨습니까?" 영혼이 신을 위한 공간을 마련하기 위해 그 안에 있는 '나'를 부분적으로 없앤 이 고통 안으로 떨어진다면 이 고통은 이중 효과를 생산한다. '나'의 파괴와 신의 부재. 속죄의 고통과 구원의 고통. 이로써 완전한 신의 부재가 이루어질 수 있다. '나'의 순전한 외적 파괴는 연옥과 유사한 고통이다. 사랑을 통해 교유하는 영혼으로 인한 외적 파괴는 속죄의 고통이다. 신의 부재의 실현은 구원의 고통이다(NB 342).

● ● ●

그리스도의 존재는 내게 있어 연필과 같은 것이다. 눈을 감고 있을 때 나는 테이블과 접촉하는 그 점을 느낀다. 그 점은 힘 안에 놓여 있다. 우리에게 일임해 온 창조의 한 부분과 신 사이에, 중재자가 될 우리의 권력 안에 그 점이 놓여 있다. 우리를 매개로 신이 그 자신의 창조를 인지하는 데 우리의 동의가 필요한 것이다. 우리가 동의함으로써 신은 기적을 행할 수 있다. 그 점은 내 앞에 있는 이 테이블을 위하여, 또 놀라운 행운을 얻기 위하여 영혼으로부터 나 자신을 물러나게끔 하는 데 필요할 뿐이다. 신이 지나갈 수 있도록 우리가 기꺼이 물러서는 것을 보여 주었기에 신은 우리를 사랑하는 것이다. 같은 방법으로 창조주 자신도 우리 존재를 허용하기 위하여 물러난다. 이 이중의 힘은 다름 아닌 바로 사랑이다. 아들이 아버지의 생일 선물을 살 수 있도록 아버지가 아들에게 돈을 주는 것과 마찬가지다. 신은 사랑 말고는 그 무엇도 창조하지 않았다(NB 401).

기도

아버지, 그리스도의 이름으로 저에게 허락하소서.

제가 제 몸을 마음대로 움직일 수 없을지도 모르겠습니다. 행동은 물론 작은 움직임조차 불가능할지 모릅니다. 온몸이 마비된 환자처럼 말이지요. 눈멀고 귀먹고 아무것도 느낄 수 없게 될지도 모르겠습니다. 생각들 사이의 작은 연관성조차 찾아내지 못할 수도 있습니다. 아주 간단한 것조차도 말이지요. 셈할 줄 모르고 읽을 줄 모르고 말할 줄 모르는 바보가 될지도, 슬픔이나 기쁨에 전혀 반응할 줄 모르게 될지도 모릅니다. 생의 마지막 단계에 이른 노쇠한 이들처럼 사물이나 사람 심지어 스스로에 대해서조차도 사랑을 느끼지 못할지도 모릅니다.

아버지, 그리스도의 이름으로 이 모든 현실을 저에게 허락하소서. 이 몸이 움직일 때나 가만히 있을 때나 온전한 엄격함으로 당신 뜻에 지속적으로 순종하게 해 주소서. 맛보고 냄새 맡고 듣고 보고 만지는 능력 모두가 당신 창조물의 완벽함과 정확성을 드러내게 하옵소서. 온전한 정신으로 제 마음 안에서 당신 진리에 순종하는 가운데 모든 생각을 한데 모으게 하소서. 최고의 열정과 순결함 안에서 슬픔과 기쁨을 체험하게 하소서. 당신 사랑을 위한 절대적이고 열정적인 불꽃이 되게 하소서.

이 모든 것을 저에게 허락하소서. 열정적인 그리스도의 도구로 변모하게 해 주소서. 영양분이 결여된 육체와 영혼을 지닌, 고통받는 저에게 음식을 주소서. 마비 환자가 되도록 저를 버려 두소서. 눈멀고 귀먹고 감각 없고 완전히 노쇠한 존재가 되게 하소서.

아버지, 그리스도의 이름으로 지금 이 변화를 허락하소서. 저는 지금 불완전한 믿음으로 간청하오나 완전한 믿음으로 청하는 것인 양 저에게 이루어 주소서.

　아버지, 당신은 선이시며 저는 미미한 존재이니 이 몸과 영혼을 찢어 없애시고 당신의 소용에 닿게 만들어 주소서. 제게는 아무것도 남지 않게 하소서. 영원히, 찢어진 것 말고는 아무것도, 혹은 그마저도 남지 않게 하소서.

영혼에서 우러난 말이 아니면 소용 없다. 그것을 자발적으로 요청할 수는 없다. 그럼에도 불구하고 그것은 인간에게 다가온다. 자포자기의 심정으로가 아니라 영혼을 다하여 인간은 그에 화답한다. 그 화답은 완벽하고 거리낌 없으며 전 존재의 단일한 움직임에 의해 주어지는 것이다(FLN 244-5).

・・・

신과의 관계에서 우리는 도둑과 비슷하다. 집주인의 묵인하에 금을 훔친 도둑. 주인 입장에서 보면 금은 선물로 내준 것이다. 그러나 도둑 입장에서는 훔친 것이다. 도둑은 되돌아가서 금을 돌려줘야 한다. 우리의 존재도 이와 같다. 우리는 신의 존재의 작은 부분을 우리 것으로 만들기 위해 훔쳤다. 그것을 신은 선물로 주신 것이다. 그러나 우리는 훔쳤으므로 되돌려 놓아야 한다. 신에게서 빌린 시선을 세상으로 돌리는 영혼은 빛을 보게 된다.

　자아는 (사라지는 것이므로) 창조주의 숙고를 통하여 텅 빈 우주가 돼야 한다. 신을 만난 영혼은 창조된 존재 혹은 사물과의 모든 관계를 신과의 관계로 변형시켜야 한다.

창조물 사이의 모든 관계는 (사고하는 존재든 사물이든) 신의 뜻이다. 우리는 주변 사람이나 사물과의 모든 관계에서 신의 뜻이 드러나기를 갈망해야 한다. 관계를 상상하기를 삼가는 것이 그 길로 향하는 첫걸음이다. 신의 하나의 뜻으로서 종국에 우리는 그 모든 것을 상상한다(FLN 269).

・・・

「주님의 기도」 전반부:

"아버지의 이름이 거룩히 빛나시며"

신의 이름을 사용함으로써 우리는 진리이신 하느님을 향해 관심을 기울인다. 신은 우리의 손길 너머, 우리가 상상할 수 없는 저 너머에 있다. 참된 신이라는 이름의 선물이 없다면 우리는 세속의 거짓 신, 상상에 의한 신을 가질 수밖에 없다. 이 이름만으로 천상의 아버지, 우리가 아는 바 전혀 없는 아버지를 가지게 된 것이다.

"아버지의 나라가 오시며"

모든 존재를 절대적으로 포기하는 것은 그것이 무엇이든 신의 뜻에 순종하는 것으로 그 존재를 받아들인다.

"하늘에서와 같이 땅에서도 이루어지소서"

나는 천상 지혜의 세속적 법령을 수용하고 시간의 순서 안에서 그 전 과정을 받아들인다.

영혼으로 모든 것을 생각하기란 쉽지 않다. 그러기 위해서 우리는 쉼 없이 영적 양식을 구해야 하며 과거의 잘못을 용서받고 악에서 구원받아야 한다(FLN 361).

2

사랑과 신앙

최고의 집중은 기도와 비슷하다. 이것은 신앙과 사랑을 전제로 한다(NB 205).

기대를 품고 참을성 있게 기다리는 것은 영성 생활의 기본이다(FLN 99).

신의 사랑과 올바른 학교 공부

페렝 신부의 부탁으로 어느 가톨릭 여학교 학생들을 위해 쓴 글이다. 놀라울 만큼 명료한 표현 속에 '집중'에 대한 베이유의 핵심 견해가 담겨 있다. '집중'(세상의 중심으로서 자신을 고정시키고 다른 존재의 실체에 자신을 투영하기)은 베이유 후기 작품들에서 기도와 정의, 양자의 핵심 주제다. 그 모범은 십자가 그리스도의 자기 비움이다.

그리스도교 연구의 핵심은 기도가 집중으로 이루어져 있다는 사실을 깨닫는 것이다. 신을 향한 영혼의 집중을 말하고자 한다. 기도 안에서 집중은 대단히 중요하다. 뜨거운 가슴만으로는 별 도움이 안 된다.

집중의 정점은 기도가 충만하고 순수한 때이며, 이 순간 비로소 신과 만날 수 있다. 모든 집중은 신을 향해 있다. 물론 학과 공부는 아주 낮은 정도의 집중으로도 향상될 수 있다. 그러나 기도에서는 집중력을 증진시킴으로써 극대화된 효과를 거둘 수 있다.

오늘날 사람들은 잘 모르고 있는 듯하지만 집중력을 키우는 것은 학업의 목표를 확실히 하고 흥미를 높이는 유일한 길이다. 학과목들은 각각 나름대로 의미가 있지만 이것만으로는 부족하다. 집중력을 함께 키움으로써 모든 수업과 훈련은 제 의미를 갖게 된다.

신을 사랑하는 학생은, 나는 수학이 좋아, 나는 프랑스어가 좋아, 나는 그리스어가 좋아, 하는 식으로 말해서는 안 된다. 모든 과목을 똑같이 좋아해야 한다. 모든 과목은 똑같이 집중력을 향상시키기 때문이다. 신을 향한 시선 자체가 기도의 핵심이다. 기하학에 흥미가 없다고 해서 공식을 외고 문제를 푸는 집중력이 발달하지 않는다는 의미는 아니다.

문제를 풀고 증명을 이해하는 것은 그리 중요한 일이 아니다. 집중력을 향상시키는 것이 훨씬 더 중요하다. 집중력은 언제나 영적 차원과 지성의 측면에 영향을 미친다. 모든 영적 빛은 인식을 비춘다.

한 시간 동안 기하학 문제를 푸느라 집중한다고 해서 꼭 해답을 얻으리라는 법은 없다. 다만 우리는 좀 더 신비로운 차원에서 매 순간 진보하고 있다고 말할 수 있다. 그 사실을 느끼지 못하고 깨닫지 못한다면 영혼에 빛을 들이는 데 어려움을 겪을 것이다. 지성의 측면이나 수학과는 아무 연관이 없다고 여기게 될 수도 있다.

집중하여 노력했으나 별 수확이 없더라도 어느 날 라신Racine의 시 구절에서 생생한 아름다움을 느끼게 될 수도 있다. 노력은 기도 안에서 열매 맺는 것이 확실하다. 이 점에 대해서는 조금도 의심할 여지가 없다.

이런 필연성은 경험에 근거한다. 경험하기 전에 믿지 않는다면, 최소한 믿는 것처럼 행동하지 않는다면 우리는 결코 필연성으로 나아가는 경험을 얻지 못할 것이다.

여기에 일종의 모순이 있다. 영적 진보에 관련된 모든 인식이 어느 정도 수준에 이르기까지 여기에 해당한다. 필요한 인식에 대한 확신이 부족하여 행동의 지침으로 삼지 않으면, 오직 신앙으로 끈질기게 붙들고 있지 않으면 우리는 결코 필연성을 경험하지 못할 것이다. 신앙은 필수 불가결한 조건이다.

신앙의 가장 든든한 힘은, 빵을 청할 때 아버지가 절대로 돌멩이를 주지 않으리라는 믿음이다. 명백한 종교적 신심 밖에 있는 사람이라도 매 순간 진리를 찾고자 집중을 거듭한다면 비록 눈에 보이는 성과를 얻지는 못하더라도 그의 능력은 향상된다. 빛의 기원에 관한 에스키모들의 말이 있다. "영원한 암흑 속에서 까마귀는 먹을 것을 찾을 수가 없었다. 그러나 오래도록 빛을 갈망하니 땅 위에 서서히 빛이 생겨났다."

진정한 열망이 있다면, 진정으로 빛을 바라는 그 열망이 빛을 만들어 낸다. 집중의 노력이 있을 때 진정한 열망이 자라난다. 열망이야말로 진정한 빛이다. 우리의 노력이 오랫동안 아무런 결실을 맺지 못하는 것처럼 보일지라도 어느 날 문득 빛은 넘쳐흘러 영혼을 적실 것이다. 노력할 때마다 보물 창고에 금덩이를 보태게 된다. 세상 그 무엇도 이 보물을 빼앗아 갈 수 없다.

아르스의 성자 요한 마리아 비안네 신부는 라틴어를 배우기 위해 오랫동안 힘들게 노력했지만 별 성과가 없었다. 하지만 그는 부단한 충실함과 통찰력으로 모든 언어와 침묵을 뛰어넘어 회개하는 영혼 그 자체를 볼 수 있는 열매를 맺게 되었다.

학생들은 좋은 점수를 얻거나 시험에 통과하기 위하여, 혹은 좋은 학교를 가려는 욕심 없이 공부해야 한다. 타고난 능력이나 취향을 따르면서도 모든 과목에 자신의 능력을 편향 없이 동등하게 적용시켜야 한다. 기도의 핵심이라 할 수 있는 집중의 습관을 들이도록 애쓰면서 공부해야 한다. 어떤 공부를 시작할 때 정확성을 기하려는 욕심이 필요하다. 노력과 희망이야말로 모든 상황에서 불가결한 것이다. 우리는 기도 안에서 집중의 힘을 키우는 데 온전히 초점을 맞추어야 한다. 글을 쓸 때 우리는 종이에 글자의 모양을 그린다. 글자 모양은 목적이 아니다. 생각을 나타내 보이려는 도구일 뿐이다. 학업에서 특별한 목표를 성취하기 위해 도구를 적절히 사용하는 것이 공부의 첫째 조건이다.

둘째 조건은 이제까지 시험에서 실패했던 과목들을 찬찬히 살펴보는 것이다. 유쾌한 일은 아니겠지만 결과에 대해 핑계를 대거나 실수를 눈감아 버리거나 교사의 지적을 무시하지 말고, 실패의 원인을 모두 찾아내려 애써야 한다. 물론 그 반대로 하고 싶은 유혹이 있을 것이다. 나쁜 점수를 감추고 제대로 정정하고 싶지 않을 수도 있다. 누구나 대개 그렇지만 우리는 유혹을 이겨 내야 한다. 제아무리 노력한다 해도 실패와 오류를 시정하려는 노력을 소홀히 한다면 공부에서 진정한 목표를 성취할 수 없다.

무엇보다 겸손의 덕을 쌓아야 한다. 이것은 학문적 성취를 모두 합한 것보다 훨씬 더 값지다. 죄보다는 어리석음에 대해 생각해 보는 것이 더 유익할 것이다. 죄책감은 스스로를 악하다고 느끼게 만든다. 그리고 때때로 자만심이 그 자리를 차지한다. 실패한 학교 공부에 연연하고 있을 때, 우리의 영혼마저 거기에 속박당할 때 거부할 수 없는 마음의 움직임이 일어난다. 지식보다 더한 갈증은 없다. 영혼으로 이 진리를 인식하는 경지에 이르게 되면 우리는 옳은 반석 위에 잘 서 있는 것이다.

이 두 가지 조건이 완벽하게 수행된다면 누구에게나 학업은 신성하다 할 만큼 좋은 길이 될 것임에 틀림없다.

제대로 집중하기 위해서는 그 시작을 아는 것이 중요하다. 종종 집중은 근육을 경직시키는 것과 혼동된다. 학생들에게 "자, 이제 집중해야지"라고 말하면 그들은 대부분 눈썹을 치켜세우고 숨을 들이쉬며 근육을 잔뜩 긴장시키곤 한다. 그런 식의 집중은 이 분도 지속될 수 없다. 그것은 올바른 집중이 아니다. 단지 근육을 긴장시킨 것뿐이다.

공부하면서 우리는 이따금 이런 긴장으로 자신을 소모해왔다. 우리는 공부했다고 생각하지만 결국에는 지치고야 만다. 이것은 착각이다. 일이나 공부에 있어 이렇게 불필요한 긴장과 노력은 무모한 것이다. 비록 좋은 의도라 할지라도 말이다. 좋은 의도지만 지옥으로 가는 길이 될 수도 있는 것이다. 그런 식으로 공부해서 점수를 잘 받고 시험에 통과할 수도 있지만 이는 엄청난 노력과 천부적 재능 덕분일 뿐, 대부분의 경우는 제대로 효과를 거두지 못한다.

일하는 도제에게 의지력은 필수다. 그러나 공부할 때는 별 소용이 없다. 열망만이 지성을 인도할 수 있다. 열망하기 위해서는 일을 할 때 기쁨과 즐거움이 있어야 한다. 기쁨 안에서 지성은 자라나고 열매 맺는다. 공부에서도 기쁨은 분리될 수 없는 것으로 마치 달릴 때의 호흡과도 같다. 이것이 결여될 때 올바른 공부는 불가능하다. 학업을 마치고도 일자리를 찾지 못하는 가련한 처지가 될 수도 있다.

기쁨 안에서 공부함으로써 우리는 영적 삶을 준비할 수 있다. 신을 향한 열망이야말로 영혼을 지탱해 주는 유일한 힘이다. 오직 신만이 낮은 곳으로 내려와 영혼을 소유할 수 있다. 그리고 강한 열망만이 낮은 데로 신을 내려오게 할 수 있다. 신은 갈망하는 이에게만 온다. 신 혼자 힘으로는 달리 어쩔 수가 없다.

집중을 위해 전력을 다해야 한다. 대단한 노력이 필요할 것이다. 그러나 한계는 있다. 피곤할 때는 좀처럼 집중할 수 없다. 이때는 차라리 일을 멈추는 편이 낫다. 좀 쉬었다가 다시 시작하면 된다. 힘을 주었다가 풀고 숨을 들이쉬었다가 내쉬는 것처럼 해야 한다. 피곤하지 않은 상태로 이십 분간 집중하는 편이, 의무를 수행한다는 마음으로 세 시간 동안 잔뜩 긴장하여 일하는 것보다 훨씬 낫다.

그러나 말처럼 쉬운 일은 아니다. 육신의 피로보다 오히려 영혼이 집중에 대해 반감을 가지는 경우가 있다. 육체보다 훨씬 더 악에 가까이 있는 것이다. 우리가 매 순간 참으로 집중해야 하는 이유가 바로 이것이다. 내면의 악을 파괴하는 방법이기도 하다. 이런 의식으로 십오 분간 집중한다면 다른 어떤 일을 하는 것보다 좋은 결과를 낳을 것이다.

집중은 자기 생각을 잠시 멈추는 것이다. 생각에 빠지지 않고 비워 둔 채 우리 자신을 열어 놓는 것이다. 우리는 이미 마치 산 위에 오른 사람과 같은 사고를 형성하고 있다. 산 위에 오른 사람은 산 아래쪽의 넓은 숲과 산등성이를 일일이 보고 있지는 않지만 그 전체를 굽어본다. 인간의 사고 그 너머는 비워져 있어야 하며 무언가를 기다리고 있어야 한다. 완전히 벌거벗은 채로 우리는 진리를 꿰뚫고 지나가는 그 무엇을 받아들일 자세를 취하고 있어야 한다.

외국어 독해나 기하학 문제에서 범하는 실수, 작문과 논술에서의 오류 등은 우리의 사고가 어떤 개념을 지나치게 조급하게 파악하려 드는 데서 기인한다. 서두르다가 길이 막혀 버린 나머지 진리의 문을 열지 못하는 것이다. 너무 서둘러 행동하고 조급하게 무언가를 찾기 때문이다. 신중히 살펴보면 우리는 매 순간 이런 실수를 범하고 있다. 자신의 실수를 따라가 보는 것보다 더 좋은 공부는 없다. 수백 수천 번 경험해 보아야 우리는 진리를 확신하게 되는 것이다. 이것이야말로 진리의 정수를 맛보는 길이다.

진리를 찾아 나섬으로써 그 선물을 얻게 되는 것이 아니다. 기다림으로써 얻게 된다. 인간은 혼자 힘으로는 진리를 발견할 수 없다. 진리를 찾아 길을 나선 인간은 거짓과 위선을 만나게 될 따름이다.

기하학 문제를 푸는 것 자체에 큰 의미가 있는 것은 아니지만 여기서도 앞의 법칙을 적용해 볼 수 있다. 영원히 살아 있는 단 하나의 진리는 미약하지만 순수한 비유가 된다. 한때 진리는 인간의 음성으로 울려 퍼진 적이 있다. "나는 진리다"(요한 14,6 참조).

이렇게 볼 때 모든 학과 공부는 성사와 비슷하다. 거기에도 진리를 만나는 특별한 방법이 있다. 가슴에 가만히 담아 놓을 뿐 그것을 찾으러 직접 나서지는 않는 것이다. 라틴어나 그리스어 텍스트의 의미를 찾으려 애쓰기보다는 주의 깊게 바라보며 기다리는 것이다. 글을 쓸 때도 펜 끝에서 적당한 글이 나올 때까지 기다리면 된다. 학생들 모두 이런 방식을 알아야 하고 모든 학과 공부에 적용해야 한다.

교사로서 교과목을 가르치는 것뿐만 아니라 학생들을 영적으로 이끄는 것도 대단히 중요한 임무다. 후자의 경우, 각 학과목을 대하는 지적·영적 태도(마치 등잔에 기름을 가득 채운 채 자신감과 꿈에 부풀어 신랑을 기다리는 것과 같은) 사이에 밝고 명료한 빛을 비춰 주어야 한다. 사랑스러운 모든 청소년이 라틴어 작문을 공부하면서, 주인이 문을 두드리기 무섭게 열어 드릴 채비를 마친 종과 같은 민첩함을 갖추게 되기를 바란다.

이러한 기다림과 집중이 있어야 주인은 종을 지극히 사랑해 줄 것이다. 온종일 들에서 열심히 일하고 돌아온 종에게 주인은 말한다. "식사를 준비하거라."

주인은 종이 자신의 말을 당연히 따를 것이라 여긴다. 그리고 종은 해야 할 바를 하면 그뿐이다. 그 노력과 고통이 아무리 크더라도 말이다. 불순종하는 종을 주인은 결코 사랑하지 않는다. 우리는 다만 충실한 종일 뿐이다. 충실이 사랑의 조건이다. 주인으로 하여금 종을 사랑하도록 압박할 수는 없다. 종은 그저 집중하여 기다릴 뿐이다.

학업을 통해 집중력을 키우면서 청춘과 젊음을 통과하는 이들은 행복하다. 공장이나 들에서 일하는 이들과는 나아가는 방향이 다르다. 농부와 노동자들은 지독한 가난, 사회적 무관심, 오랜 고통을 통해서 특별한 향취로 신에게 다가간다. 그런데 우리의 노력을 고려해 볼 때 공부하는 것도 신에게 아주 가까이 다가가 있는 것이다. 영혼의 집중 때문이다. 따라서 영혼의 집중력을 키우지 않은 채 몇 년간 학교 생활을 하는 학생이 있다면 그는 큰 보물을 잃는 것이 된다.

신의 사랑만이 집중을 만들어 내는 것은 아니다. 이웃을 향한 사랑도 같은 작용을 한다. 불행한 사람은 관심과 집중을 필요로 한다. 고통받는 이에게 관심을 기울일 줄 아는 능력은 대단히 드물고 귀한 것이다. 이것은 거의 기적과도 같다. 아니 참으로 기적이다. 자신이 이 능력을 가지고 있다고 생각하는 사람은 실은 그렇지 못한 사람이다. 가슴이 따뜻하고 동정심이 많은 것으로는 충분치 않다.

성배(성체의 신성함으로 모든 갈망을 달래 주는 기적의 잔)의 전설에서, 성배의 진정한 주인은 그 성배를 지키는 수호자(고통받는 왕)에게 "얼마나 힘듭니까?"라고 처음으로 묻는 자라고 한다. 이웃에 대한 진정한 사랑은 다만 이렇게 묻는 데 있다.

"얼마나 힘듭니까?"

이 말은 결국 모든 고통의 존재를 인식하고 있음을 의미한다. '불행'을 대하는 사회적 통념으로가 아니라 그저 나와 똑같은 인간으로서 어느 날 갑자기 찾아온 고통에 시달리고 있음을 아는 것이다. 이것으로 충분하다. 따뜻한 눈길로 그들을 바라보는 것만으로 충분한 것이다.

바라봄의 첫 단계는 집중이다. 바라보는 대상을 그 자체로 받아들이기 위해 자신의 영혼을 비우는 것, 이것은 집중할 수 있는 사람에게만 가능하다.

라틴어 작문이나 기하학 문제 풀이를 비록 지금은 잘하지 못하더라도 이를 본보기 삼아 언젠가는 좋은 결과를 얻게 될 것이다. 곤경에 빠진 사람이 있다면 그에게 가장 필요한 때 도움을 주어야 하는 것과 같은 이치다.

특정한 종교적 신념과 관계없이 진리를 갈망하는 청소년이라면 누구나 학과 공부를 통해 영적 성장을 이룰 수 있다. 학과 공부는 진주가 묻힌 밭이다. 가진 것을 몽땅 내다 팔아서라도 얻어야 할 만한 충분한 가치가 있다.

성체성사

1943년 베이유가 런던에 머물 때 마우리스 슈만에게 보낸 글이다. 그는 베이유가 파리 고등사범학교 시절부터 알고 지내던 절친한 친구다. 자유 프랑스 정부의 고위 관리였던 슈만은 베이유가 런던에서 자유 프랑스 정부를 위해 일하도록 도와주었다. 베이유의 종교적 견해를 지지하는 몇 안 되는 친구 중 한 사람이다.

인간의 본성은 육체의 행동이나 태도를 통하지 않고는 영혼에 대해 아무런 영향력을 행사하지 못한다. 본성은 영혼 안에 환영으로 존재한다. 영혼 안에서 본성은 제구실을 하지 못한다. 이러한 기반 위에 인간의 의지와 육체는 자연스럽게 결합하여 일정 수준의 자기 절제를 발휘할 수 있다.

악에 가까워지려는 경향을 인간의 의지가 어느 정도는 제어할 수 있겠지만, 의지만으로는 영혼 안의 선의 총량을 증가시키지 못한다. 지갑에 돈이 충분히 들어 있지 않다면 우리는 은행에 간다. 스스로 돈을 만들어 낼 수는 없다. 우리 안에는 돈이 없기 때문이다.

자신 안에 없는 선을 제아무리 끄집어 내려 노력해도 소용없다. 선은 다만 외부로부터 받을 수 있는 것이다. 한 가지 조건에 의해 우리는 선을 무한히 받을 수 있다. 갈망이다. 갈망은 완전하고 순수하며 통합적이다. 그리고 절대 선을 지향한다. 갈망 없는 영혼으로는 얼마간의 선을 구할 수 있을 뿐이다. 선의 크기는 영혼의 갈망과 그 기간에 비례한다. 오직 진실한 갈망이 영혼에 영향을 미친다.

육체의 행동과 태도만으로 이 세상에서 물질과 욕구를 충족시킬 수 있다면 그 육체를 통해 어떻게 갈망이 실현될 수 있겠는가? 그것은 불가능하다. 구원에 반드시 필요한 요소가 결여된 곳 어디에나 영적 가능성은 존재한다.

절대 선과 관련된 모든 것 가운데 완전성(흔히 존재론적 증거라고 잘못 알려진)은 유일하고 명확한 증거가 된다. 선 자체의 개념으로부터 비롯된 것이다. 완전한 선에 대한 증거는 기하학의 예증에서와 같은 경우다. 완전성에 대한 욕구가 육신을 통과하기 위해서는 이 지상에서 상징과 약속을 통해 선과 육신을 관련지을 수 있어야 한다.

세상 사물과 관련된 약속은 인간 사이에서 혹은 한 인간과 그 자신 사이에서 이루어지고 인정받는 반면, 절대 선에 관해서는 신에게서만 약속받을 수 있다. 미사 전례 가운데 성령 청원은 신의 직접적 발현을 암시한다. 그것은 강생에 대한 암시이기도 하다. 신에 의한 신호와 암시는 바로 신 자신이 그렇게 설정해 놓은 것들이다.

신과 인간 사이의 약속에 의해 빵 조각은 그리스도의 인성을 상징한다. 신에게 인준받은 성약의 무한한 현실성과 도덕성에 의해 빵의 현실성은 그대로 남아 있으면서 상징성을 이루는 참다운 현실성과 무한한 관련을 맺게 된다.

인간 사이의 성약 안에서 성약을 상징화한 사물의 본성은 그 상징적 본성보다 훨씬 더 현실적이다. 신에 의한 성약에서는 정반대다. 그러나 본성을 억압하고 부수적으로 나타나는 천상의 의미는 본성보다 무한히 엄청난 무게로 인간적 의미를 짓누른다.

한 조각 빵과의 만남이 신과의 만남임을 믿음으로써 신에 대한 유일한 경배의 시험을 통과한다. 마찬가지로 여기서 우리의 갈망은 신을 받아들이는 유일한 조건이기 때문에 영혼과 신 사이에는 진실한 만남이 이루어질 수 있다.

세상 사물 안에 깃들인 신성에 대한 존경은 혼란을 초래한다. 천상에 대한 존경, 영혼의 욕구, 신을 향한 집중을 바탕으로 한 믿음을 우리는 신앙이라 부른다.

은총은 우리에게 가장 외적이면서 동시에 내적인 현상이다. 선은 외부에서 우리에게 들어온다. 그러나 선은 우리가 동의할 때만 우리를 관통한다. 육신이 그것을 행동으로 현실화하는 순간 동의는 실현된다.

우리는 자신을 변화시킬 수 없다. 다만 변형될 뿐이다. 선을 원할 때 우리는 변형될 수 있다. 그 밖의 어떤 것도 우리를 변형시킬 힘을 가지고 있지 못하다. 만약 신의 의지와 능력을 믿는다면 우리는 변형을 위한 최고의 합당한 자세를 취하게 되는 것이다. 변형은 천상으로부터 영혼에 내려오는 것이며 이로써 우리는 미미하나마 선을 지니게 된다.

은총의 양면성에 대한 완전하고도 조심스러운 응답이 바로 성사다. 성사는 순종하고 동의하는 그 무엇이자 육신을 지닌 인간 사고의 연관성에 개입하는 은총의 이중적 성격에 대한 흠결 없고 완벽한 조응이다. 성사의 초자연적 구조 안에는 이러한 힘을 가질 수 있게 하는 믿음에 대한 이중 조건이 있다.

갈망의 대상은 유일하고 순수하고 완벽하고 통합적이며 우리가 결코 범접할 수 없는 절대 선임에 틀림없다. 사람들은 그 자신이 만들었거나 여러 환경에 의해 덧칠된 개념으로 신이라는 단어를 규정하고 경의를 표한다. 이 경우 무수한 개념이 존재한다. 그리고 다소 진실한 신과 닮아 있는 경우도 있다. 그러나 영혼은 세상 밖으로 관심을 돌리지 않고도 인지할 수 있다. 신에 의해 점유된 것처럼 보일지라도 영혼은 줄곧 이 세상 안에 머물고 있다. 그 믿음은 이 세상의 법칙에 따르는 것으로, 진실이 아닌 환상을 지어내고 있다.

그러나 희망은 분명 존재한다. 영혼은 스스로를 지금의 상태에서 끌어내 진실을 향해 인도할 수 있는 힘을 지니고 있기 때문이다. 신과 빵 사이의 일정한 존재를 믿는 것이야말로 온 존재(지성뿐만 아니라 감성, 상상력, 육신에 이르기까지)를 관통하여 우리를 충만케 할 수 있다.

빵과의 만남이 현실의 갈망의 지점에까지 이를 때 영혼 안에서 무언가 실제적 변화가 일어난다.

현실을 접촉하려는 갈망이 없는 영혼 안에는 갈등이 일어나지 않는다. 어떤 사람이 조국을 위해 싸우고자 죽음도 불사하고 전장에 나갔다면 그는 이미 한 걸음을 내디딘 것이다. 그러나 만일 그가 육신이 마비된 사람이었다면 애초에 갈등이나 욕구 따위는 생기지도 않을 것이다.

누군가 전쟁에 나갈 수 있고 나가지 않을 수도 있다고 가정해 보자. 그가 참전하여 위험한 임무를 수행하던 중 전사

했다면, 전쟁의 와중 어느 순간에 죽음의 공포가 그 영혼을 덮쳤으리라는 사실은 명백하다. 그의 성격이나 감성에 따라서 그는 과정 중의 어느 한 단계에 놓여졌을 것이다. 죽음 앞에서 그의 갈망이 드러나고 실현되는 오직 한 순간이 있었을 것이다.

신에 대한 갈망도 이와 같다. 아직 현실이 아니라는 이유로 영혼 안에 잠들어 있을 뿐이다. 진실한 성사가 이루어지는 순간 갈망은 깨어난다. 무의식의 순간 영혼의 진실한 부분은 성사를 열망한다. "진리를 실천하는 이는 빛으로 나아간다"(요한 3,21).

코앞에 닥친 죽음을 피하기 위해 뒤로 물러서는 가난한 육신보다, 빛을 두려워하고 혐오하는 어리석은 영혼이 더욱 성사에 부적합하다. "악을 저지르는 자는 누구나 빛을 미워하고 빛으로 나아가지 않는다"(요한 3,20). 실한 열매와 가라지를 구별하는 작업이 시작된다. "하느님의 말씀은 살아 있고 힘이 있으며 어떤 쌍날칼보다도 날카롭습니다. 그래서 사람 속을 꿰찔러 혼과 영을 가르고 관절과 골수를 갈라, 마음의 생각과 속셈을 가려냅니다"(히브 4,12).

성체성사는 불을 통과하는 예식이다. 그 불은 더러워진 영혼을 불태운다. 영혼 안에는 무한한 악이 존재하고 천상의 불길은 꺼지지 않는다. 이 과정에서 우리의 흠결과 흔들림에도 불구하고, 배반과 거부와 죽음이 갑작스레 찾아오지 않는 한 완전함으로 가는 그 길은 변함이 없다.

신을 향한 갈망이 진실할수록 성사를 통한 신과의 만남도 더욱 절실해진다. 영혼의 변화 또한 격렬해진다. 특별한 경우 이 변화는 거절이나 증오, 공포의 형태를 띠기도 한다.

죽음으로 가는 길보다 성사로 나아가는 길이 더 고통스러운 영혼이 있다면 그 영혼은 순교 직전의 상태에 놓여 있다고 할 수 있다. 불길 속에서 살아남으려 발버둥치는 영혼의 요동이 크면 클수록 축복은 무한해진다. 반발과 저항, 공포로 얼룩진 내적 갈등이 클수록 성사를 통해 영혼의 악이 파괴되어 간다는 사실은 분명하다. 영혼은 더욱더 완전함으로 나아갈 것이다.

"세상의 어떤 씨앗보다도 작다"(마르 4,31). 신을 향한 진정한 갈망에 의해 영혼에 깃든 순수함의 기원이 바로 이 씨앗이다. 고의적 반발로 뿌리째 뽑히지만 않는다면 이 씨앗은 틀림없이 하늘의 새가 알을 품는 집을 지을 나무로 자라날 것이다. 그리스도는 말한다. "하느님의 나라는 이와 같다. 어떤 사람이 땅에 씨를 뿌려 놓으면, 밤에 자고 낮에 일어나고 하는 사이에 씨는 싹이 터서 자라는데, 그 사람은 어떻게 그리되는지 모른다. 땅이 저절로 열매를 맺게 하는데, 처음에는 줄기가, 다음에는 이삭이 나오고 그다음에는 이삭에 낟알이 영근다. 곡식이 익으면 그 사람은 곧 낫을 댄다. 수확 때가 되었기 때문이다"(마르 4,26-29).

영혼이 선을 만나기 위해 성사의 문턱을 일단 넘어서면 내부의 반발이 시작될 것이다. 이제부터는 미동도 없이 기다리는 것 외에 아무런 할 일이 없다. 움직임 없이 기다린다는 것이 외적 행동이 없다는 의미는 아니다. 외적 행동은 인간의 의무나 신의 명령에 의해 부과된 것이기에 이 또한 영혼의 움직임의 연장이다. 모두가 똑같이 움직임 없는 기다림의 자세인 것이다. 외적 행동은 영혼의 기다림과 일치한다. 공부하는 아이가 주의를 집중하기 위해 차분히 앉아 있는 것과 같다.

육체적으로 움직임이 없다는 것은 집중과는 어딘가 다른 점이 있다. 그 자체로는 효과적이지 않다. 그래서 이 상태에 도달한 영혼을 위한 행동이 처방되어 있다. 진실로 집중하는 사람은 집중하기 위해서 그 자신을 움직이지 못하게 할 필요가 없다. 생각이 어떤 문제에 고정되자마자 생각은 자동적으로 그의 동작을 멈추게 한다. 같은 방법으로 미리 규정된 행동은 움직임 없는 기다림의 상태로 영혼으로부터 자동적으로 전개된다.

우리는 완전함과는 아직 거리가 멀기에 이러한 행동은 종종 고통과 슬픔, 노고, 내적 투쟁, 엄청난 실패로 뒤죽박죽된다. 그러나 영혼 안에는 어떠한 배반도 없고 우리는 처방된 이 행위를 면제받을 수 없다.

"너희 가운데 누가 밭을 갈거나 양을 치는 종이 있으면, 들에서 돌아오는 그 종에게 '어서 와 식탁에 앉아라' 하겠느냐? 오히려 '내가 먹을 것을 준비하여라. 그리고 내가 먹고 마시는 동안 허리에 띠를 매고 시중을 들어라. 그런 다음에

먹고 마셔라' 하지 않겠느냐? 종이 분부를 받은 대로 하였다고 해서 주인이 그에게 고마워하겠느냐? 이와 같이 너희도 분부를 받은 대로 다 하고 나서, '저희는 쓸모없는 종입니다. 해야 할 일을 하였을 뿐입니다' 하고 말하여라"(루카 17,7-10).

밭을 갈고 양을 치는 종은 주인으로부터 사랑과 은총과 보살핌을 받지 않는다. 사랑받는 종은 따로 있다. 신을 섬기는 두 가지 방법에 관한 말이다. 두 종은 두 가지 관계에 놓인 같은 영혼을 가리킨다. 또는 한 영혼의 분리된 두 영역을 말한다.

사랑받는 종은 문 앞에서 움직이지 않고 기다리는 이다. 집중하여 망을 보고 기다리면서 주인이 문을 두드리자마자 문을 열어 주는 이다.

고생과 굶주림, 유혹, 상처, 조롱, 주인의 죽음이나 학대 … 그 무엇도 주인을 기다리는 그를 방해하지 못한다.

"혼인 잔치에서 돌아오는 주인이 도착하여 문을 두드리면 곧바로 열어 주려고 기다리는 사람처럼 되어라. 행복하여라, 주인이 와서 볼 때에 깨어 있는 종들! 내가 진실로 너희에게 말한다. 그 주인은 띠를 매고 그들을 식탁에 앉게 한 다음, 그들 곁으로 가서 시중을 들 것이다"(루카 12,36-37).

기다림이 무르익으면 우리는 그것을 인내라고 부른다. 그리스어로 인내를 뜻하는 '휘포메네'$\upsilon\pi o\mu\epsilon\nu\hat{\eta}$는 훨씬 더 아름답고 색다른 의미를 띤다. 이 말은 몸을 움직이지 않고 기다리는 사람을 가리킨다. 세차게 쏟아지는 빗줄기에도 불구하고 아무런 미동도 없이 머물러 있는 이를 말한다. "인내로써 열매를 맺는 사람들이다"(루카 8,15).

세 가지 신학적 개념

'초자연', '신비', '신앙'에 관한 이 글은 신학적·철학적 종교 개념에 대한 베이유의 통찰을 보여 준다. '초자연'은 저 너머를 가리키는 것이 아니라 활발한 믿음 안에서 우리가 관여하고 있는 것이다. 필연의 세상에서 현실은 우리의 변형이다. 그것은 또 다른 방식으로 신과 인간의 믿음, 그리고 믿음과 이성 간의 관계에 대해 숙고할 필요가 있음을 우리에게 가르쳐 준다. 믿음은 이성에 의해 주어지는 것이 아니며 이성을 부정하지도 않는다. 다만 우리의 인식을 형성한다.

초자연

신에 대해 생각하는 것, 신을 사랑하는 것은 세상을 생각하는 어떤 방식에 다름 아니다(NB 25).

내가 탐구하는 대상은 초자연이 아니다. 이 세상이다. 초자연적인 것은 빛이다. 탐구의 대상을 상상해서는 안 된다. 격을 떨어뜨릴 뿐이다(NB 173).

가정: 지성의 범주에서 초자연은 어두운 반면 빛의 근원이기도 하다. 가치의 질서에서 위대한 것이 작은 것에서 나올 수 없듯(가정은 검토를 필요로 한다) 이 암흑은 지성의 빛보다

더 밝다. 우리는 더욱 밝은 빛을 향해 움직인다. 어둠을 통과하여 뛰어오를 때 우리를 끌어당기는 무언가가 있다. 하강하는 빛이 그것이다.

무엇보다 먼저 자신에게 물어보자. 초자연성을 소홀히 할 수 없는가? 그렇다면 어떤 상황에서 그것에 의지하는가? 그것이 불가결한 것이라면 인간 조건을 숙고하기 위해서 그러한 것이다(단순한 유다인의 역사가 아니다. 그다음은 유럽인의 역사).

말씀은 모든 이와 함께 오는 빛이다(NB 226).

・・・

신을 향한 영혼의 태도는 확인할 길이 없다. 영혼 그 자체도 마찬가지다. 신은 어디에나 있다. 하늘나라에도, 신비 안에도 신은 존재한다. 누군가 신을 입증할 수 있다고 하더라도 그것은 다만 신이라는 딱지를 붙인 세상의 어떤 것일 따름이다. 그러나 신을 체험한 흔적에 따라 인간의 영혼은 변형되기도 한다. 신부의 친구들은 신방에 들어가지 않아도 신부가 임신하게 되면 그녀가 처녀성을 잃었다는 것을 알게 된다. 음식 접시에 불기가 없어도 음식이 불에 익혀졌음을 우리는 안다. 반대로, 음식 아래 불이 있었다고 생각하더라도 만약 감자가 날것인 채로 식탁에 나온다면 그것이 불 위에 있지 않았음을 확신하게 된다.

이것은 인간이 신에 대해 말하는 것이 아니다. 인간의 영혼이 신의 사랑의 불길을 통과했는지 여부를 세상의 방식으로 말하는 것이다. 여기에 속임수는 불가능하다. 거짓으로 신의 사랑을 흉내 내는 것은 가능하다. 하지만 그로 인해 영혼이 변화할 수는 없다. 스스로 불속을 통과하지 않고는 불가능하다.

공식을 외운다고 해서 나눗셈을 아는 것은 아니다. 실제로 할 수 있는지가 중요하다. 공식을 외운 아이가 그것을 제대로 이해하고 있는지는 알 수 없다. 어려운 나눗셈 문제를 아이가 풀어 냈다면 더 이상 공식 운운할 필요가 없다. 아이는 이미 모든 것을 이해했다.

인간과 사물을 향해 태도가 열려 있고 늘 인간을 인식하고 있다면, 혹은 초자연적 선을 드러내고 있다면 그의 영혼은 더 이상 혼자가 아니다. 그는 신과 함께 잠자리에 들었던 자다. 자는 도중 합일을 이룬 사실을 알지 못하더라도 그것은 조금도 중요하지 않다. 단지 사실일 뿐이다.

화가는 자신이 서 있는 지점을 그리지 않는다. 그림 속 대상의 위치를 통해 우리는 화가의 위치를 짐작한다. 인간의 삶과 말과 행위를 통해서 우리는 그가 세상의 관점을 지녔는지 아니면 천상의 관점에서 보는지 알 수 있다.

누군가 신에 대해서 말할 때 내부에서 혹은 외부에서 말하고 있는지 종종 구별할 수 있다.

복음은 신학이 아니다. 인생의 개념을 포괄하는 것이다.

밤에 현관문의 전등을 켤 때 불이 들어오는지 전구를 보고 확인하지는 않는다. 거기 있는 물건들이 보이면 전기가 들어온 것을 안다.

진정한 빛은 대상에 투사될 때 그 존재가 드러난다. 종교의 가치, 영적 삶의 태도는 세상의 대상들에게서 빛남으로써 그 존재를 감지할 수 있다.

세상이 영적 삶의 기준이 될 수는 없다. 이것은 일반적 인식이 아니다. 선은 외적 태도에 의해 규정된다. 어떤 이가 거지에게 먹을 것을 주고 가난한 이와 함께할 때 우리는 그의 영혼이 이 세상에 있지 않음을, 하늘에 계신 아버지와 그리스도 곁에 머물러 있음을 알게 된다(FLN 145-8).

・・・

육체는 언제나 끝없는 움직임과 균형 속에 있다. '나'라고 불리는 것은 다만 동기일 뿐이다. 그리고 이 안에 초자연성이 존재한다. 균형이 움직임을 멈추는 순간 초자연성도 중단된다(NB 97).

신비

관심이 비이성적 신비에 고착되어 있는 동안 진실은 지성에 의해 간단명료해진다. 후자는 이제까지 인지되지 않았고 이것이 규범을 이룬다(NB 576).

● ● ●

논리적이고 엄밀한 지성이라도 불가피한 모순에 직면할 때 신비 개념에 의지하게 된다. 불가피한 모순이란 하나의 개념을 억압하면 다른 개념도 무의미해지고, 하나의 개념을 제기하면 다른 개념도 자연 제기되는 그런 상황을 말한다. 이때 신비 개념은 (지렛대에 실려) 난국 너머 저편, 열리지 않는 문의 반대편으로 옮겨 간다. 지성의 지배를 초월하는 영역으로 이동하는 것이다. 그런데 지성이 지배하는 영역 그 너머에 이르기 위해 우리는 모든 것을 통과해야 한다. 종국을 향해 엄숙함을 견지한 채 그 길을 가야 한다. 그렇지 않으면 우리는 넘어서지 못하고 이편에 있게 된다.

마음이 명상에 의해 신비 그 자체를 키워 나갈 때, 동시에 신비를 억압하고 부정함으로써, 마음에 잘 맞고 그 안에 머물러 있는 지성의 가치를 박탈하려는 사실을 발견한다.

지성은 신비를 통제할 수 없다. 그러나 신비로 향하는 여정을 통제할 수는 있다. 그 통제력은 여정을 제어한다. 지성은 그 자체로 온전히 남아 있으면서도 더 높은 단계를 인식하는 능력을 지니게 된다. 이 능력은 초자연적 사랑이다.

초자연적 사랑에 대한 영혼의 모든 능력에 대해 용인된 순종이 곧 믿음이다(FLN 131).

● ● ●

세상에는 불가해한 세 가지 신비가 있다. 아름다움, 정의, 진리가 그것이다. 세상만사의 기준으로 인식되는 것이 바로 이 세 가지다(FLN 292).

믿음의 본성

무신론에는 두 종류가 있다. 신 개념을 정화시키는 것이 그중 하나다. … 모든 악에는 이면이 있다. 선을 향하는 과정에서 나타나는 정화와 선의 형태. … 악을 규정하는 방식으로 선을 규정하는 것은 거부되어야 한다. 악은 그것을 거부한다. 그러나 악이 거부하는 방식은 잘못된 것이다.

참된 모순의 경우: 신은 존재한다 혹은 존재하지 않는다. 무엇이 문제인가? 애매한 점은 전혀 없다. 내 사랑이 착각이 아니라는 점과 신의 존재를 확신한다.

신의 이름을 발음할 때도, 내가 인식 가능한 존재나 그와 비슷한 존재가 과연 있을까 하는 의구심을 갖는다. 신을 인식할 수 없기 때문이다(NB 126-7).

모든 현현에서 예외 없이 신을 읽을 수 있다. 그러나 각각의 현현 안에서 관련을 맺고 읽히는 것이 모두 신은 아니다.

믿음, 읽기의 은사. 신앙, 우리가 매달리는 그것은 결코 신이 아님을 믿는 것. 부정적 신앙, 그러나 매달릴 수 없는 것이 매달릴 수 있는 것보다 현실적임을 믿는 것. 매달리는 능력은 현실의 규범이 아니라 속임수다. 믿음이란 매달림 저 너머에 숨어 있지만 마침내 드러나게 된다(NB 220).

∙∙∙

위로는 진실한 믿음에 장애가 된다. 이때 무신론은 정화 작용을 한다. 신을 위해서가 아니라 나 자신을 위한 무신론이어야 한다. 초자연적 깨달음이 없는 이들에게는 무신론이 옳고 유신론이 그르다.

가톨릭 신앙의 신비(종교적·형이상학적 전통의 신비)는 온 영혼으로 믿기 위해 고안된 것이 아니다. 성체성사에서 그리스도의 현존은 내 친구 폴의 육체 안에서 폴의 존재가 사실이라는 것과 같은 의미가 아니다. 그러므로 초자연적이라 말할 수 있다.

사실을 받아들이는 나의 일부로서 성체성사는 믿음의 대상이 아니어야 한다. 이 점에서는 프로테스탄티즘이 옳다(강생을 존중하고 이신론理神論을 신봉하는 점에서). 성체성사에서 그리스도의 현존은 상징이 아니다. 상징은 추상과 이미지의 결합이기 때문이다. 인간 이성이 그 자체를 대변할 수 있는 그 무엇인데 이는 초자연성이 아니다. 이 점에서는 가톨릭이 옳다. 내 안의 초자연성은 이 신비에 맛 들여야 한다. 이것은 믿음이라기보다 사랑의 문제다. 그렇다면 사랑과 믿음은 어떻게 다른가?

지성은 (우리의 일부를 긍정하거나 부정하고 의견을 드러내며) 순종케 한다. 인식할 수 있는 것은 인식할 수 없는 것에 비해 진실하지 않다. 사랑하는 것보다 진실하지 않다.

십자가의 성 요한은 '어둔 밤'을 말한다. 그리스도교 신앙 안에서 교육받은 이들은 이 신비를 감지할 수 있다. 그들은 십자가의 성 요한이 말하는 정화의 단계를 수용한다. 무신론과 불신은 그 정화에 상응한다.

이러한 신비를 진리로써 파악하려 해서는 안 된다. 그것은 불가능하다. 그러나 진리로써 파악하는 모든 것 가운데 이 신비에 대한 순종을 인식해야 한다. 신비적 사랑만이 진리로써 파악될 수 있음을 우리는 인지할 수 있다. 사랑과 신앙의 관계가 그러하다. 인간과 초자연성의 관계에서 우리는 수학적 정교함보다 더한 것을 찾아야 한다. 과학보다 더 세밀한 무엇일 것이다. 신앙의 신비는 단언할 수도 부정할 수도 없는 것이다. 모든 것 위에 있기 때문이다(NB 238-9).

● ● ●

신앙: 이것은 초자연적 사랑의 대상을 인식하는 지성을 위한 것이다. 지성적 진리의 단계와 그 아래를 완벽하게 구별해야 하기 때문이다. 이쪽도 아니고 저쪽도 아닌 모든 것은 초자연적 사랑의 대상이다. 지성적 측면에서의 식별은 초자연적 사랑을 고착으로부터 분리하기 위해 필수적이다. 우리는 신이라고 이름 붙인 무언가에 고착될 수 있기 때문이다.

사랑은 영혼의 초자연성이다. 신앙은 영혼의 모든 것이다(NB 241).

● ● ●

진정한 목표는 모든 것 안에서 신을 보는 것이 아니다. 신이 우리를 통해서 우리가 보는 것을 보아야 한다. 시간의 모든 간격 사이에서 신은 객체가 아니라 주체의 편에 서야 한다. 세상 쪽을 향해 우리는 아래로 내려가는 신을 모방해야 한다(NB 358).

● ● ●

진리와 순종을 연결하라. 필연성은 지성의 순종이다(신앙에 의해 받아들여지더라도, 외부 권위에 대한 순종은 아니다)(FLN 81).

● ● ●

믿음은 묵상을 통해, 빛나는 인간 존재에 의해, 아름다운 성경 구절을 통해 자라난다(FLN 123).

● ● ●

신앙은 신과의 만남이 아니다. 그것은 때로는 어둔 밤이나 장막으로 불리기도 한다. 신과의 만남을 향한 순종을 가리키기도 한다(FLN 132).

신을 향한 갈망이 언제나 충족될 것을 믿는 것이 신앙이고 그렇게 믿는 이는 무신론자가 아니다.

어둠 속에서 빛을 찾으면서도 언제든 그 빛이 떠나갈 수 있다고 여기는 것은 신앙이 아니다. 신앙은 이 세상에서 뒤엉킨 선과 악을 넘어선 다른 세상을 믿는 것이다. 그곳에서 선은 오직 선을, 악은 오직 악을 만들어 낸다(FLN 137-8).

・・・

인간의 참된 인식을 추구하는 것은 또한 그 안에 존재하는 악에 대한 거부를 의미하기도 한다.

눈 위에서 사흘 밤낮을 무릎 꿇고 있기란 말할 수 없이 어려운 일이다. 자신 안의 악을 거부하는 것 또한 극단적으로 힘든 일이다. 그 어떤 것도 이보다 더 어려울 수 없다.

신앙은 영혼의 영적 갈등의 조정자이자 육체를 유지하는 데도 따로 떼어 놓고 생각할 수 없는 중개자다. 신앙은 고정된 진리를 창조하며 영적으로 새로 나게 해 준다.

신앙은 확실성에 의해 창조된 진리의 영역이다. 합법적 선의 영역이기도 하다. 선은 진리를 창조한다(FLN 291).

・・・

신이 선하다는 것은 명확한 정의다. 어떤 의미로 신은 (나도 모르는 어떤 방식 안에서) 현실이라는 것도 확실하다. 신앙의 문제가 아니다. 내 모든 의식은 선을 향한 갈망이다. 신앙의 목적인 선에 나를 좀 더 가까이 데려다 주는 것이다. 이것은 경험에 의해서만 입증될 수 있다. 경험 후에는 증거의 문제가 아닌 신앙의 문제다.

선을 갈망함으로써 선을 소유하게 된다. 신앙과 관련된 항목(진실한 신앙의 유일한 항목)들은 선을 향한 모든 열망의 자생력과 생산력에도 관련이 있다.

영혼의 한 부분이 진실로 순수하게, 그리고 배타적으로 선을 열망한다는 단순한 사실로부터, 나중에 더 넓은 영역으로 적절한 때에 선을 열망할 것이라는 사실을 알 수 있다. 이 발달 과정에 동의하기를 거부하지 않는다면 말이다.

믿는다는 것은 신앙을 소유하는 것이다(FLN 307).

● ● ●

내가 할 수 있는 것은 선을 바라는 것이다. 다른 모든 바람이 상황에 따라서 효과적이기도 하고 때로는 그렇지 않은 반면에, 이 한 가지 바람만은 항상 효과적이다. 황금에 대한 바람이 황금은 아니지만 선에 대한 바람은 선 그 자체이기 때문이다(FLN 316).

3

정의와 인간 사회

가르침의 가장 중요한 부분 = 알아야 할 것을 가르치는 것
(학문적 의미에서)(FLN 364).

노트에 쓴 몇몇 글을 제외하면 모두 베이유가 런던에서 마지막으로 쓴 글들이다. 런던에서 그녀의 관심은 다시 사회문제로 돌아섰다. 이 글들은 특히 정의에 관한 베이유의 생각이 어떻게 발전되었는지 이해하는 데 중요하다. 위 인용문은 그녀의 노트 마지막 부분의 「간호병」이라는 글에서 인용했다. 최전선 간호 부대에 대한 그녀의 계획은 서문에서 밝힌 바 있다.

문화와 사회

런던에서 머물던 말년에 쓰인 글로서 문화와 사회에 관한 궁극적 개념을 알려 주고 있다. 가장 중요한 개념은 '매개'(metaxu)다. '중개자'를 뜻하기도 한다. 베이유는 줄곧 사회적 억압과 '집단본능'에 대해 우려해 왔다. 여기서는 문화가 영적 삶에서 어떻게 긍정적으로 작용하는지 표현하기 위해 이 개념이 사용되었다. 세상 모든 사물, 인간 사회를 포함한 모든 유한한 존재는 각기 나름대로 신성한 본성을 지닌다. 그러므로 신에게로 향하는 데 가교 역할을 할 수 있다. 혹은 신이 인간 삶 안에 절대적으로 현존하는 그 길을 향한 가교 역할을 할 수도 있다고 베이유는 생각했다. 그녀는 이것을 사회현상을 읽는 데 결정적으로 중요한 매개로 보았다. 우리는 정반대의 입장에서, 마치 그것만이 궁극의 목적인 양 사회생활을 하고 있다고 그녀는 늘 생각했다. 그녀가 마지막으로 쓴 정치적·사회적 성향의 글이다. 사회적 관계를 바라보는 그녀의 시각을 읽을 수 있다.

중개자

악을 파괴하는 것은 무엇인가? 근저에 있는 어떤 것은 문제가 되지 않는다. 저 높은 데 있는 것도 아니다. 원한다 해도 그것을 만질 수 없기 때문이다. 중개자, 이것은 선과 악의 영역을 구분한다. 우리 힘으로 조직적 삶 안에 이 중개자를 창조한다면 살아 있는 한 그것을 잃지 않을 수 있다. 그 누구도 자신의 중개자의 일부조차도 빼앗길 수 없다(NB 48).

●●●

영혼에 존재하는 필연성. 그것을 찾는 이들은 대개 물질주의자나 무신론자(단어의 참된 의미로)로 모든 것을 왜곡하는 이들이다. 노동 없이 필연적인 것이 무엇인가? 필연성은 조건을 강요하는 것으로 간주되어야 한다(NB 217).

●●●

중개자. 표현할 수 없는 방향으로 우리를 끌어당기는 모든 표현. 충만 대신 공허에 매달리는 우리를 위해 중개자는 필요하다(NB 233).

 지상의 진실한 선이 중개자다. 우리가 소유하고 있는 것을 중개자로 여긴다면 타자들(예를 들어 외국 도시)의 중개자 또한 존중할 수 있다. 이는 우리가 중개자 없이도 살 수 있는 지점을 향해 나아가고 있음을 의미한다(NB 258).

 신을 향한 집중의 방향은 중개자에 의해 유지될 필요가 있다. 위의 목적을 따르는 교회 안에서도 마찬가지다. 그러므로 노동의 경우에는 어떻겠는가.

 중개자는 가공되어서는 안 된다. 사물의 본성 안에 아로새겨져 발견되어야 한다. 그것은 섭리에 의해 존재하기 때문이다(NB 596).

∙∙∙

우리를 신에게로 인도하는 중개자에게 모든 것(직업, 사건, 기능 따위)을 향하게 해야 한다. 이는 모든 것 위에 신을 보탠다는 의미가 아니다(그 신은 상상의 산물이다). 모든 사물은 변화할 수 있고 그럼으로써 빛에 대해 투명해져야 한다.

알파벳을 아는 것과 글을 읽을 줄 아는 것은 다르다. 알파벳을 배웠더라도 평생 알파벳으로 쓰인 단어 하나도 이해하지 못할 수 있다(NB 328-9).

문화

뿌리내리는 것은 대단히 중요하다. 최소한 영혼의 갈망을 인식하는 일이며 또 가장 정의하기 어려운 일이기도 하다. 인간은 과거의 소중한 기억과 미래의 특별한 기대를 생생히 간직한 채 공동체 안에서 참되고 역동적인 선에 참여함으로써 뿌리를 내리게 된다. 이 참여는 지역, 출생, 직업, 사회 환경에 따라 자연스럽게 주어지는 것이다. 모든 인간은 다양하게 뿌리내리고자 하는 욕구를 가지고 있다. 자연스러운 영향력에 의해 도덕적이고 지적이며 영적인 삶 가까이로 자신을 끌어가는 일은 중요하다. 그보다 더한 목표는 없다.

그와 반대되는, 전진의 개념은 독이다. 이것은 경험으로 알 수 있다. 그 뿌리로부터 맺은 열매들은 모두 떨어져 버렸다(FLN 79).

순수 과학은 세상의 질서에 대해 고민할 필요가 있었다. 필연성과 순종 사이의 분명한 친밀성 ….

권력이 아니라 순종을 따르는 동양의 과학. 하지만 이것은 순수 과학의 지향점이며 필연성에 따른 계획이다(FLN 79).

초자연적 진리를 따르는 삶은 모든 업적과 노동, 연회, 계급, 예술, 과학, 철학 안에서 읽힐 것이다. 그렇다면 전쟁은? 전쟁에서 우리는 악에 관한 초자연적 진리를 읽어야 한다 (FLN 173).

총체적 삶은 신을 향한 지향점에 의한 세상의 아름다움을 반영한다. 계절과 시간의 흐름에 대한 반영이기도 하다(EL 158-9).

과학은 우주의 질서를 인지하려는 노력이다. 과학은 영원한 지혜를 지닌 인간 사고력과의 만남을 지향한다. 이는 성사와도 비슷하다. 모든 고대인은 (물론 로마인은 제외하고) 필연성에 승복한 타성의 문제가 신에게 순종하게 만든다고 생각했다. 이는 곧 과학이 세상의 아름다움을 검증하고, 예술이 세상의 아름다움을 모방하며, 정의는 인간들 사이에서 세상의 아름다움을 동일하게 실현하려는 시도이고, 결국 신에 대한 사랑은 신이 바로 이 세상 아름다움의 창조자라는 사실을 인정하는 것이다. 그리하여 오랜 세월 사라졌던 화합이 이루어졌다.

고통을 통해 세상의 아름다움을 드러내는 물질적 만남이 필요하게 되었다. 물질을 필연성에 종속시키는 것은 순종의 이미지일 뿐만 아니라, 이러한 필연성 자체가 은총의 초자연적 섭리를 드러내고 있는 것이다(EL 159-60).

문화란 무엇인가? 관심의 형성이다.

영적이고 시적인 보물에 참여함으로써 시대를 가로질러 인간을 축적한다. 인간의 지식. 선악의 구체적 지식(EL 160).

노동

노동을 통해 인간은 그리스도가 성체성사를 통해 그랬던 것처럼 그 자신을 물화시킨다. 노동은 죽음과도 같다.

우리는 죽음을 통과할 필요가 있다. 늙으면 죽는다. 그러나 죽음은 자살이 아니다. 우리는 죽는다. 중력의 힘을 견디기 위해, 세상의 무게를 견디기 위해서. 언제 인간의 등에 우주의 무게가 실리는 걸까? 우주가 인간에게 상처 입힌다는 사실이 놀라운가?(NB 78-9).

노동과 열정. 노동에 의해 모든 존재는 스스로를 문제에 종속시킨다. 고통에 관련된 것이든 아니든 간에 모든 존재는 문제에 종속된다. 그것은 개인의 의지를 포기하는 것을 의미한다. 보상받지 못한 채 남아 있는 포기.

노동에서 모든 것은 매개체다. 모든 것은 수단이다. 물질, 도구, 육체, 영혼.

비굴하지 않은 형식의 노동에 대한 절대적 조건(NB 597).

순종과 집중이라는 두 축을 가진 하나의 사회, 노동과 공부 …. 노동은 우주의 질서에 대한 승인이다(FLN 358).

우리는 정의를 위해 투쟁하는가?

이 글은 베이유에게 있어 정의가 무엇인지 명확히 설명하는 데 결정적이다. 우리가 창조에 동의하려는 모색 안에서 신의 정의를 찾을 수 있는 것처럼 정의는 타인에 동의할 수 있느냐의 문제가 된다.

"정의는 양편에서 동일한 필요성이 있을 때만 검토될 수 있다. 한쪽이 강하고 다른 한쪽이 약할 때 강자에 의해 가능한 것이 제기되고 약자는 이를 받아들인다"(투키디데스 5,89).

아테네에 의해 정복당한 작은 도시국가 멜로스의 시민들에게 아테네 사람 투키디데스는 말한다.

"신을 고려한다면 우리는 믿음을 가지고 있고, 인간을 고려한다면 확신을 가지고 있다. 그 확신이란 자연의 필연성에 의해 힘을 가진 인간은 언제 어디서든 그 힘을 행사한다는 것이다"(투키디데스 5,105).

플라톤은 말한다. "사랑이란 불의를 행하지 않고 겪지도 않는 것이다. 신에게든 인간에게든 마찬가지다. 사랑은 힘으로 이룰 수 없다. 힘은 사랑 위에 존재할 수 없다. 인간은 힘에 의해서가 아니라 모든 것에 대한 사랑에 순종함으로써 인정받는다. 상호 간의 승인과 동의 아래 정의는 존재한다"(『향연』). 이 말은 투키디데스의 말 가운데 정의와 가능성의 상반성을 더욱 명확히 해 준다. 양쪽이 똑같은 힘을 가지고 있을 때 사람들은 상호 승인을 위한 조건을 찾는다. 누구도 거부할 수 없을 때는 허락을 구하지 않는다. 다만 객관적 필요성에 반응하는 조건만이 검증받는다. 승인의 문제는 우리가 찾는 그 모든 것이다.

인간 행동은 그 자신의 구조에 의해 현실 안에서 장애를 형성한다. 때로 그가 가지고 있거나 그렇지 않기도 한 거부권을 통해 장애를 부과할 수도 있다. 가지고 있지 않을 때 결과적으로 장애는 제한받지 않는다. 행위와 행위자의 관계에서 인간은 존재하지 않는다.

행동할 때 생각은 언제나 목표를 향해 움직인다. 장애가 없다면 목표는 생각을 떠올리자마자 달성될 것이다. 아이는 엄마로부터 떨어지고 나서야 엄마를 바라본다. 엄마 품에 있는 아이는 엄마를 보지 않고도 엄마와 함께 있음을 안다.

장애가 없다면 투명한 유리를 통해 바깥 풍경이 내다보이는 것과 같다. 유리창을 보지 못한 이는 그것의 존재를 알지 못한다. 다른 위치에 있는 사람은 그것을 본다. 그는 다른 이들이 그것을 보지 못한다는 것을 모른다.

우리의 의지가 타인에 의해 이루어진 행동 안에서 우리 자신을 표현하는 것을 발견하게 될 때 그들이 이에 동의하는지를 살피기 위해 힘과 시간을 낭비하지 말아야 한다. 전적으로 그것을 행하는 이들에 의해 계승된 우리의 관심은 그들이 다루기 쉬운 한 그들에 의해 억압되지 않는다.

이러한 행동은 신성모독이 아니다. 인간의 승인은 신성한 것이다. 인간이 신에게 허용한 것이다. 이것이 구걸하는 거지처럼 신이 인간에게 다가오는 방식이다.

신이 끊임없이 인간에게 은총을 구걸한다는 사실을 경멸하는 사람도 있다.

강간은 승인 없는 사랑의 잔인한 형태다. 강간 후의 억압은 부차적 공포다. 순종의 가혹한 형상이다. 승인은 사랑에 있어서와 같이 순종에 있어서도 불가결한 것이다.

창조 행위는 권력 행위가 아니다. 이를 통해 천상 왕국이 아닌 다른 왕국이 세워진다. 이 세상은 물질의 법칙과 이성적 피조물의 자율성으로 구성된다. 그곳은 신이 사라져 버린 왕국이다. 왕의 지위를 포기한 신은 그 왕국에 거지로만 들어갈 수 있다.

"하느님과 같음을 당연한 것으로 여기지 않으시고 오히려 당신 자신을 비우시어 종의 모습을 취하시고 사람들과 같이 되셨습니다. 이렇게 여느 사람처럼 나타나 당신 자신을 낮추시어 죽음에 이르기까지 순종하셨습니다"(필리 2,6-8).

멜로스에서 학살을 자행한 아테네 사람들에게 해야 할 말이다. 그들은 이 말을 비웃을 것이다. 그들은 부조리하고 미쳤다.

아이스퀼로스는 『프로메테우스』에서 말한다. "미친 것처럼 보일 정도로 사랑해도 좋다."

사랑의 광기에 사로잡힌 사람은 사고와 행동이 완전히 달라지는데 그것은 신의 광기와도 비슷하다. 신의 광기는 인간의 승인을 필요로 한다. 이웃을 위한 사랑을 지닌 인간은 세상 어디에서나 타인의 의지에 대한 중간자로서 봉사함으로써 고통을 겪는다. 그들은 자신의 의지와 공동체의 의지의 진실을 대면하기를 힘들어한다. 인간 존재에 관련된 그들 모두의 행동과 사고 안에서, 그들 관계의 본성이 무엇이든 간에 모든 인간은 예외 없이 사랑을 통해서 자유롭게 선에 동의함으로써 그 존재가 드러난다. 교의, 개념, 성향, 의도, 소망 따위가 아닌 광기로서 인간 사고의 구조를 변형시키는 것이 필요하다.

굶주림에 시달리면서도 먹을 것을 살 돈이 없는 이에게 음식은 고통일 뿐이다. 그에게는 식당이나 식료품 가게만 눈에 들어올 것이다. 다른 집들은 그에게 아무런 의미가 없다. 그는 도저히 식당 앞에서 멈춰 서지 않을 수 없다. 길을 걷는 그에게 이보다 더한 장애는 없다. 오로지 허기라는 장애만 있을 뿐이다. 아무 일 없이 어슬렁거리거나 볼일을 보러 가는 이들은 영화 세트장을 지나치듯이 거리를 걸을 것이다. 하지만 굶주린 이에게 이 거리의 모든 식당은 현실적 장애물이 되는 것이다. 여기에 전제되는 것은 그가 굶주리고 있다는 사실이다. 육체를 갉아먹는 욕구가 그 안에 없다면 이런 일은 일어나지 않는다.

사랑의 광기에 사로잡힌 인간은 인간 삶의 모든 형태로, 모든 인류를 위해서, 이 세상 전역을 통해 퍼져 나가는 자유로운 동의의 능력을 알아보아야 한다.

그들에게 무엇이 문제인지 이성적인 사람들은 생각한다.

그것은 그들의 잘못이 아니다. 다만 그렇게 만들어졌고 몹시 허기져 있는 것이다. 정의에 굶주리고 목말라 있다.

굶주린 이들에게 먹을 것이 절박하듯 그들이 느끼는 심정도 마찬가지다. 외롭기 때문이다. 보통의 바보들은 어떤 인간에게라도 주의를 돌릴 수 있고 자신을 어떤 처지에든 놓이게 할 수 있고 그로부터 현실의 충격을 받을 수 있다. 굶주림이 내장의 작용을 방해하는 것처럼 영혼의 균형을 깨트리는 욕구도 그러하다.

너그럽게 베풀거나 거절할 힘도 없는 다수의 대중은 명령 체제 안에서 집단적으로 공모하지 않는 한 그런 힘을 소유할 만큼 자신을 키울 수 있는 작은 기회조차 얻지 못한다. 그러나 미치기 전에야 그런 공모는 있을 수 없다. 아래로부터의 광기는 위로 전염되기 쉽다. 어느 정도의 시간 동안은 사람들 사이에 사랑의 광기가 있다. 어느 정도는 정의 쪽으로 향할 가능성도 있다. 다만 그 이상은 아니다.

자비에 반하는 정의에 눈감아야 한다. 다른 전망을 기대하거나 보다 더 광범위하고 정의를 넘어서는 자비, 혹은 자비에 약간 못 미치는 정의가 있다고 믿어서는 안 된다.

두 개념이 서로 상반될 때 자선은 더 이상 문제되지 않는다. 정의는 더 이상 사회적 억지가 아니다. 이것을 깨닫지 못하는 이들은 불의를 증명해야 하는 상황에 처한 적이 없거나 거짓에 도취된 나머지 정의롭게 행동하는 것에 대한 의식이 없는 이들이다.

정의와 인간 사회

좌파와 우파 사이의 숱한 논쟁은 개인의 선호도와 사회적 억압에 대한 선호도 사이의 격론 이상의 것은 아니다. 보다 정확하게 말한다면 사회적 억압의 공포와 개인적 공포 사이일 것이다. 자선이나 정의 어느 쪽도 이것과는 관계가 없다.

정의의 목적은 지상에서 동의의 능력을 실행하는 것이다. 그것이 존재하는 곳 어디서든 종교성을 견지하기 위해, 부재하는 곳이라면 그 조건을 창조해 내는 것이 바로 정의를 사랑하는 것이다.

'정의'는 너무나 아름다운 말이다. 프랑스를 상징하는 세 가지 색의 의미를 모두 포함하는 말이 바로 '정의'다. 무언가에 동의할 수 있는 진정한 가능성이 곧 자유다. 제한된 관련 속에서 인간은 평등을 요구한다. 박애는 모두를 위한 갈망 안에서 성취된다.

동의를 향한 동기를 품은 삶 안에서 빈곤은 영혼과 육신을 피폐하게 만들면서 가슴속 깊은 곳으로부터의 만족을 방해한다.

동의의 표현이 모두 불가결한 것은 아니다. 표현되지 않은 사고는 불완전한 것이다. 그러나 그것은 진실이다. 표현으로 향하는 길을 잘 정돈할 수 있다. 거짓에 반응하는 생각이 없는 표현은 언제 어디에나 있다. 거짓의 가능성이다.

순종이란 인간 삶의 규정지을 수 없는 법칙이기에, 동의된 순종과 동의되지 않은 순종 사이에 어떤 차이가 있는지만 발견해 내면 된다. 동의된 순종, 거기에는 자유가 있다.

그 밖의 다른 곳 어디에도 자유는 없다.

자유는 순종 안에 머문다. 순종이 매 순간 지속적인 자유의 향취를 지니지 못한다면 그곳에 자유는 없다. 자유는 진정한 순종의 향취다.

동의의 형태와 표현은 각각의 전통과 환경 속에서 매우 다양하게 나타난다. 그래서 자유로운 사회 속에서는 우리가 깨닫지 못하는 사이에 횡포의 형태로 나타나기도 한다. 단어의 외연에 의미의 차이가 존재하고 오해의 가능성이 있음을 우리는 깨닫지 못한다. 그리고 우리는 이 무지를 계속 가지고 간다. 자유라는 가면의 노예가 되어 당하는 수치를 무지로 외면하고 있다. 노예화와 관련된 일종의 헌신성을 말하는 것이다. 이는 동의의 신호와는 아주 동떨어진 것으로 야만적 구속의 시스템의 직접적 효과다.

인간 본성의 고통 안에서 우리는 그곳이 어디든 보상을 찾아 나선다. 증오, 무관심한 미온적 태도, 맹목적 집착, 고통 등에서 벗어나기 위해 무엇이든 할 것이다.

자유가 있는 곳이라면 어디든지 행복과 아름다움 그리고 시가 피어난다. 이것이 유일한 흔적으로 남을 것이다.

민주적 사고에는 심각한 오류가 내포되어 있다. 동의의 특정한 성격과 동의 자체를 혼동한다. 그것은 유일한 것이 아니라 여느 형태들처럼 쉽사리 단순화될 수 있는 것이다.

의회 민주주의는 공허하다. 스스로 선택한 지도자들을 우리는 경멸하고 있다. 그리고 선택하지 않은 자들에 대해서는 악의를 품고 있다. 우리는 그들에게 비자발적으로 순종한다.

동의는 사고파는 것이 아니다. 어떤 정치제도 아래 있건 간에 돈이 모든 것을 지배하는 사회, 순종 역시도 사고팔 수 있는 사회에서 자유는 존재할 수 없다.

억압이 강간에 비유되는 것과 마찬가지로 돈이 노동의 절대 목적이 되는 상황에서 돈에 지배받는 노동은 매춘에 비유될 수 있다.

열광은 동의가 아니다. 혼미한 영혼에서 새 나오는 빛일 따름이다. 정조를 쉽게 버리는 여자를 희롱하는 데 얼이 나간 남자가 결혼이라는 합일에 동의하는 것과 비슷하다.

돈과 억압, 교묘하게 조장하고 자극적으로 열광하는 것 이상의 동기를 알지 못하는 곳에 자유의 가능성은 없다. 오늘날 전반적 상황이 그러하다. 백인들의 국가, 백인의 영향력이 미치는 모든 국가에서 그러하다.

영국이 예외라면 그것은 아직 영국에 과거의 흔적이 남아 있고 그 안에 살아 있기 때문이다. 전 영국에 걸쳐 나타나는 이 과거의 흔적은, 전쟁 중인 지금(이 글은 전쟁 중에 쓰였다 — 엮은이) 세상을 구원함으로써 유일하게 빛을 발하게 된다. 다른 어디에도 이와 비슷한 보물은 없다.

유감스럽게도 자유는 우리 손으로 잡을 수 있을 만큼 가까이 있지 않다. 금방이라도 낚아챌 수 있는 친근한 것이 아니다. 그것은 창조되어야 하는 무엇이다.

우리 프랑스인들은 한때 1789년 혁명의 원칙을 세상에 제시했다. 우리가 그 원칙에 자긍심을 가지고 있다면 그것은 옳지 않다. 그 당시나 이후로나 우리는 그 원칙에 대해 생각하지도 실천하지도 않았기 때문이다. 그 원칙을 기억한다는 것은 우리에게 오히려 모욕감을 가르치는 것이다.

현대적 애국주의와 정의와 사랑의 정신 사이에 장벽이 가로놓인다. 바리새인의 형식주의 정신은 모욕이 배제된 데서부터 그 원천에 있는 기운을 모두 오염시킨다.

현대적 애국심은 로마 이교도들로부터 내려온 기운이다. 세례 받지 않은 많은 그리스도교 국가를 통틀어 전해 내려오는 것이다. 이것이 바로 1789년 혁명의 정신을 지켜 오지 못하는 이유다. 프랑스인들에게는 불가결한 것이지만 진리는 둘일 수 없다.

애국심은 인간을 극한의 희생으로 단련시킬 수 있다. 그러나 오늘날 절망에 빠진 대중의 자양분이 될 수는 없다. 대중은 피에르 코르네유(Pierre Corneille, 1606~1684, 프랑스 극작가. 인간 의지와 이성의 승리를 주장했다) 같은 사람 말고 다른 무언가를 원한다. 친근하고 인간적이고 소박하며 거드름 피우지 않는 어떤 것.

순종이 동의를 얻으려면 무엇보다도 사랑할 그 무엇, 사랑을 위한 그 무엇이 필요하다.

무언가를 사랑한다는 것은 그 반대를 증오하는 것이 아니라 그 자체를 사랑하는 것이다. 순종에 동의하는 정신은 사랑에서 나온 것이지 증오에서 나온 것이 아니다.

때때로 증오는 혼란을 야기한다. 진부하고 저질이며 인내심 없이 재빨리 그 자체를 소모해 버리는 것이다.

무언가를 사랑한다는 것은 영광과 빛과 명예와 정복과 미래를 위해서가 아니다. 그 자체를 위해서일 뿐이다. 그 안에 존재하는 생생함 그 자체를 사랑하는 것이다. 고등사범학교에 수석 합격한 아들을 둔 어머니가 아들을 대견스러워하는 마음과 같은 것이다. 그렇지 않으면 감정이란 순종의 영원한 원천이 되기 때문에 결코 깊은 것이 될 수 없다.

우리가 필요로 하는 것은 마음 깊은 데서 자연스럽게 사랑할 수 있는 그 무엇이다. 자신의 과거에서 비롯된, 그 전통의 정신에서 우러나온, 어떤 주장이나 선전 구호 혹은 다른 나라에서 들여오지 않은 어떤 것이다.

우리가 필요로 하는 것은 어머니의 젖처럼 자연스럽게 빨아들이는 사랑이다. 젊은이들의 가슴속 저 깊은 데서 우러나오는 순종을 바탕으로 한 충실함, 바로 그런 사랑이다.

상징적 언어 안에서 사람들이 끊임없이 지적으로 상기할 수 있고 관습과 전통과 잘 어우러지는 사회생활의 형태를 우리는 원한다. 헌신적 충실함 안의 자유로운 동의는 그로부터 비롯된 생생한 의무다.

참정권과 노조 활동의 독립성은 절대적으로 필요하다. 그러나 이것은 대단히 멀리 있는 것이다. 우리는 이것을 잃어버렸고 잃은 지 오랜 뒤에야 다시 관심을 가지게 되었다.

제국에 관한 어떤 제안이 진실을 담고 있다면 그 제안은 우리로 하여금 거짓을 말하면 처벌받는다는 조건으로 지금까지와는 완전히 다른 관점에서 식민지에 관한 문제를 제기하게 한다.

삶의 형식을 새롭게 하고 사회구조 안에서 창조성과 새로운 기풍을 일으키지 않는 한 우리는 자유와 평등과 박애를 실현할 수 없을 것이다. 그런데 그러기에는 너무 지쳤다. 기적 말고는 치유가 불가능할 지경에 이르러서야 우리는 병세를 인식한다. 완전히 불가능하다는 의미는 물론 아니다. 다만 특별한 조건이 전제된다는 말이다.

영혼이 은총을 입는다는 것은 기계적 조작과는 다른 차원이다. 더욱더 확실한 것이다. 거기서 속임수나 책략을 발견해 내기란 불가능하다.

정의를 위해 싸우는 것은 쉬운 일이 아니다. 불의를 구별해 내는 것만으로는 부족하다. 무기를 들고 적과 맞서는 것이다. 이는 말로 표현하는 것 이상으로 아름다운 그 무엇이다. 모든 면에서 인간은 그런 모습을 보인다.

덧붙여 우리는 정의의 정신이 우리 안에 머물도록 해야 한다. 정의의 기운은 우월하고 완벽한 사랑의 꽃과도 같다. 사랑의 광기는 연민을 아주 강력한 동기로 바꿔 놓는다. 그 동기는 영광이나 명예보다 강력하다.

연민을 위해서라면 (사도 바오로가 그리스도에 대해 말한 것처럼) 모든 것을 포기하고 자신을 비워야 한다.

부당하게 가해진 고통 가운데서조차 그것은 우리로 하여금 모든 피조물은 불의에 노출된다는 우주의 법칙에 순종하는 데 동의하게 만든다. 이 동의는 악으로부터 영혼을 지켜준다. 그것은 악을 선으로, 불의를 정의로 변화시키는 기적의 힘을 가지고 있다. 고통 안에서도 경외심을 잃지 않고 노예처럼 굴종하지 않을 수 있다.

사랑의 광기는 모든 국가에서 세상의 아름다움과 행복과 충족의 가능성을 동등하게 구별하고 자비를 베풀게 한다. 종교적 관심으로 부재 가운데 존재의 미미한 흔적을, 가장 작은 생명의 씨앗을 소중하게 되살리기 위함이다.

사랑의 광기는 분노나 용기보다 가슴속에 더 깊이 스며든다. 그 속에서 분노와 용기는 적에 대한 애틋한 연민의 정을 끌어낸다.

사랑의 광기는 그 자체로 드러나지는 않는다. 사람의 말투와 태도를 통해 모든 환경에서 어떤 예외도 없이 빛으로 드러난다. 빛나지 않는 것들을 통해서는 어떤 생각이나 말, 행동도 드러날 수 없다.

그것은 우리를 위험에 빠뜨리는 참된 광기다. 이 세상에 속해 있는 교회나 국가에 우리의 마음을 주었다면 어쩔 수 없는 위험으로 돌진하게 된다.

사랑의 열정이 그리스도를 몰고 간 종착점은 우리 자신에게도 권할 수 있는 범상한 것이 아니다. 그러나 우리는 곤경을 두려워할 필요가 없다. 그것은 우리 안에 머물러 있지 않다. 우리는 크나큰 세상 문제들을 근심하는 이성적 존재들이다.

우주의 질서가 명쾌한 것이라면 (세속적 이성의 관점에서 볼 때) 사랑의 광기가 이성적일 때 종종 그런 순간이 있을 것이다. 그런 순간은 오늘날처럼 사랑의 결핍에 인류가 열광하게 되었을 때 가능할 것이다.

오늘날 사랑의 광기를 제공할 수는 없다. 고결함이 훼손된 영감보다는 소화하기 쉬운 음식을 취하는 허기진 육체와 영혼을 지닌 가련한 대중에게 사랑의 광기를 제공하기란 어려울까? 지금 우리는 정의의 진영 안에 확실히 자리 잡고 있는 것인가?

인간 의무 선언 초안

이 글은 세 가지 판본이 있는데 그 가운데 이 글이 가장 길다. 이 개요는 『뿌리내리기』의 주요 내용을 담고 있다. '신앙고백'은 정부를 이끌어 나갈 사람들을 위한 신경(信經)(credo)이라 할 수 있다. 베이유가 이 신경을 일종의 지침으로 삼으려 했음을 다음 글에서 알 수 있다.

이 선언문의 기본을 그려 보자(특별히 프랑스에서 활동하는 연구 집단을 위해).

선언 하나로 족한 것은 아니지만 잘못된 선언에 속지 않으려면 꼭 하나 있어야 한다. 북극성을 보고 모든 뱃사람이 어디로 갈지를 아는 것은 아니지만, 북극성을 찾는 법을 모른다면 뱃사람은 캄캄한 밤중에 길을 잃고 헤매게 될 것이 분명하다.

최고의 선언문을 인식하고 이해하고 채택하기란 쉬운 일이다. 기본 진리는 간단한 것이다. 어려움은 적용에 있다. 최선의 취지를 자양분 삼아 완전히 흡수하여 본능적으로 적용하기가 어려운 법이다.

제일 먼저 직면하는 어려움은 언어다. 진리는 모든 인간의 마음 깊은 곳에 자리하고 있다. 철저히 숨어 있는 진리를 말로 옮기기란 매우 어렵다. 인간은 언어에 대한 욕구를 가지고 있다. 따라서 말로 표현되지 않는 사고가 행동으로 옮겨지는 데는 또 다른 어려움이 따른다.

신앙고백

세상 밖에, 즉 공간과 시간 밖에, 인간의 정신적 우주 밖에, 인간 능력이 접근 가능한 범위 밖에 현실이 존재한다. 인간의 마음 한복판에서 이 현실에 조응하는 것은 절대선에 대한 갈망이다. 언제나 거기에 있으면서 결코 세상의 것들로는 채워지지 않는 갈망.

이 현실의 또 다른 세속적 운명은 부조리하고 불가해한 모순 안에 있다. 그 모순은 세상 안에서 배타적으로 움직일 때 언제나 인간 사고의 귀착점에 놓여 있다.

이 세상의 현실이 사물의 유일한 근본인 것처럼 다른 현실은 선의 초석이다. 그 현실은 세상 안에 존재하는 모든 선의 유일한 원천이다. 다시 말해 모든 아름다움과 진리, 정의, 합법성, 질서, 인간적 행위 등은 의무에 기반한 것이다.

관심과 사랑을 지닌 마음은 현실이 유일한 매개 수단인 쪽으로 향한다. 선은 그곳으로부터 내려와 인간들 사이로 올 수 있다.

비록 인간의 능력 너머에 있는 것이지만 인간은 자신의 관심과 사랑이 그것을 향하게 하는 힘을 가지고 있다. 그 어떤 사물이나 인간도 이 힘을 빼앗길 수는 없다.

그것은 지금까지 이 세상에 존재해 온 유일한 힘이다. 실행을 위한 유일한 조건은 동의뿐이다.

동의는 행동으로 표현될 수도 있다. 혹은 무언으로 표현되기도 한다. 그것이 진정으로 영혼 안에서 일어나더라도 확실히 의식하지 못할 수도 있다. 실제로 일어나지 않더라도 종종 말로 표현되기도 한다. 표현되든 아니든 간에 실제로 일어날 것이라는 사실 하나로 충분하다.

만약 우리가 미국의 재화에 의해서만 구원받을 수 있다면 우리는 새로운 노예의 처지로 전락하는 것이다. 유럽은 다른 대륙이나 화성의 침략자에 의해 정복된 것이 아니다. 유럽은 안으로부터 병들어 있고 치료를 받아야 한다.

구원받지 않으면 유럽은 살아남을 수 없다. 이는 엄청난 노력을 기울여야 가능하다. 유럽은 정복자의 우상숭배에 맞설 수 있는 입장이 아니다. 정복당한 사람들은 종교로만 정복자에 맞설 수 있다.

이 불행한 대륙에 신앙이 바로 선다면 빠르고 확실하게 승리를 보장받게 될 것이다. 전략적 차원에서도 확실한 것이다. 우리 의사소통의 통로는 바다다. 잠수함에 의해서 보호받는다. 반면에 적의 통신로는 육지에, 억압받는 민중 사이에 있다. 만일 육지가 참된 신앙의 폭격을 받는다면 파괴되고 말 것이다. 새로운 폭격 소식이나 옷과 식량을 보급한다는 방송을 듣더라도 진실한 신앙의 성장을 보장할 수는 없다.

영적 가난을 통해서 우리는 고통받는 이들과 더불어 믿음으로 나아갈 수 있다. 이는 불가해한 진리다. 영적 가난은 마치 노예가 되는 것처럼 나타나기도 한다. 작은 차이만 있을 뿐이다. 우리는 무한히 작은 무엇으로 되돌아간다. 모든 것 가운데 무한한 어떤 것이다.

고통은 영적 가난의 학교에서 배우는 것이 아니다. 고통을 배울 기회는 드물다. 비록 고통이 행복보다 서서히 사라지기는 해도 결국 지나가는 것이다. 우리는 서두를 필요가 있다.

이 기회를 잡을 것인가? 군사적 관점에서 보자면 이 질문은 아마도 전략보다 더 중요할 것이고 경제적 관점에서 보자면 통계나 배급표보다 더 중요할 것이다. 우리에게 그럴 마음이 있었다면 히틀러를 통해서도 배울 수 있었을 것이다. 가장 현실적인 정책이 최상의 고려로 여겨진다는 사실을 말이다.

히틀러는 악의 승리를 추구했다. 그의 재료는 대중, 즉 밀가루 반죽이었다. 우리는 선의 승리를 바랐다. 우리의 재료는 이스트였다. 각각의 재료에는 각각의 방식이 필요하다.

존재하는 현실 너머로 관심과 사랑을 돌리는 이들은 성공한 것이다. 선이 그에게 다가올 것이다. 선은 모든 것 위에 빛나고 있다.

이런 두 사실의 조화 — 절대선을 향한 마음 깊은 곳의 갈망, 그리고 (잠재적일 뿐이지만) 세상 너머의 현실을 향하는 관심과 사랑, 또 그로부터 선을 받는 힘 — 는 모든 인간이 다른 현실에 이어지는 연결점을 구성한다.

현실을 인식하는 이는 누구든지 그 연결점도 인식한다. 그 때문에 그는 모든 인간을 성스러운 존재로 여기며 존경해야 한다고 믿는 것이다.

이것이 모든 인간을 향한 보편적 존중에 대한 유일한 동기다. 믿음이나 불신을 형성하는 것이 무엇이든 인간은 선택할 수 있다. 마음이 이 존중을 무시하고 싶어 한다면 그는 실제로 이 세상 외의 또 다른 현실을 인식할 것이다. 이 존중을 느끼지 않는 이들은 다른 현실에서도 역시 동떨어져 있게 된다.

우리가 살고 있는 이 세상의 현실은 다양하게 구성되어 있다. 불평등한 대상이 불평등하게 우리의 관심을 구하고 있다. 어떤 사람들은 개인적으로 온갖 상황에서, 혹은 그와 유사한 기회를 통해서 우리의 관심을 끌려 한다. 그러나 그들은 우리의 관심에서 벗어나 있고 기껏해야 우리는 그저 골라잡은 항목 가운데 하나로 그들을 볼 뿐이다.

만약 우리의 관심이 이 세상에만 한정되어 있다면 그것은 이 불평등의 효과에 종속되어 있는 것이다. 그것을 깨닫지 못하고 있기 때문에 저항하지 않는 것이다.

불평등한 상황을 동등하게 존중하기란 불가능하다. 존중은 그들 모두에게 동일하게 주어진 것이 아니다. 인간은 세상 물질과의 관계 안에서 누구나 불평등하다. 인간 사이에 유일하게 동일한 것은 외부와 연결된 실재다.

인간 자신이 중심을 형성한다고 생각하며, 음식에 대한 욕구를 억누르지 못하고, 물리적이고 신체적인 문제에 시달리는 한 모든 인간은 동일하다.

진정한 관심을 세상 너머로 향함으로써 핵심적이고 긴요한 인간 본성의 요소와 진실한 접촉이 가능하다.

누구라도 이 능력을 소유하고 있으면 그가 인지하든 그렇지 않든 간에 관심은 세상 너머를 가리키는 현실 안에 있다.

인간과 이 세상 밖의 현실에 부착된 연결점은 현실 그 자체처럼 인간 능력의 영역 너머에 있다. 그것을 인식하자마자 떠오르는 존중은 그것을 표현할 수 없다.

이 존중이란 것은 세상 안에서 직접적 표현의 어떤 형태로도 발견될 수 없다. 그러나 표현되지 않는 한 그것은 존재하지 않는다. 간접적으로 표현하는 것은 가능하다. 인간과 세상 밖의 현실 사이에서 생겨나는 존중은 이 세상의 현실 안에 존재하는 인간에 의해 일부 표현될 수 있는 것이다.

이 세상의 현실은 유한하다. 세상 안에 있는 인간은 유한성에 속박되고 가련한 욕구에 사로잡힌 존재다.

인간 존재에 대한 존중을 간접적으로 표현하는 가능성 한 가지는 인간의 영혼과 육체의 욕구에 의해 제공된다.

그것은 본질적 선을 향한 열망과 그의 감성 사이에 놓여 있는 인간 본성의 연결점에 기초를 둔다. 이 연결점이 모든 인간에게 존재한다는 사실을 결코 의심해서는 안 된다.

그것 때문에 인간의 생명이 파괴되고 상처받으며 영혼과 육체가 구속될 때, 그것은 다른 인간의 행동이나 부주의에 기인한 것이다. 감성뿐만 아니라 선을 향한 인간의 열망 역시 고통받는다. 인간 안의 신성에 대한 신성모독이 있어 온 것이다.

인간의 감성만이 고통을 받는 경우가 있다. 예를 들어 상처와 상실이 온전히 자연적 힘의 맹목적 작업의 결과이거나, 그를 고통스럽게 만드는 이들이 결코 나쁜 의도를 가지고 있지 않았고 그 역시도 필요에 의해 움직이고 있다는 사실을 스스로 인지하는 경우 그러하다.

인간 존재에 대한 존중의 간접적 표현의 가능성은 순종의 근거가 된다. 의무는 인간 존재가 이 세상에서 영혼과 육체의 욕구를 가지고 관여하는 것이다. 욕구는 의무에 조응하기 때문이다. 각각의 의무는 욕구에 조응한다. 인간사가 관여하는 한 다른 종류의 의무는 없다.

만약 다른 것이 있는 것처럼 보인다면 그들은 가짜이거나 의무가 언급된 것 안에 존재하지 않는 것으로 분류된 실수일 뿐이다.

관심과 사랑이 진정으로 외부를 향해 있는 사람들은 공적이건 사적이건 간에 그의 책임과 권력의 범위에 따라, 어떤 인간이든 세속적 삶을 파괴하고 손상시키기 쉬운 영혼과 육체의 상실을 치유하는 영원한 의무를 질 것이라는 사실을 인식한다.

이 임무는 고통을 겪게 될 사람들에게 한계의 필연성을 설명할 수 있을 때까지 책임감의 본성이나 힘의 부족에 의해 제한될 수 없다. 그 설명은 완전히 진실한 것이어야 하며 필연성을 인지하도록 하는 것이 되어야 한다.

이제껏 어떤 환경도 이 임무를 없애진 못했다. 만약 특정 범주의 사람들이 그것을 없애는 것처럼 여겨지는 환경이 되면 실제로 좀 더 가혹하게 임무가 부과될 것이다.

이 임무는 모든 인간에게 나타난다. 그 형태와 명징성은 매우 다양하다. 행동 규칙으로서 그것을 받아들이는 과정에서 사람에 따라서 정도의 차이가 있을 수 있다. 그러한 수용은 대개 자기기만과 뒤섞여 있다.

어떤 사회에서건 선과 악의 비율은 부분적으로 거절과 동의의 배분에 달려 있고, 부분적으로 동의하는 이들과 거부하는 이들 사이의 힘의 배분에 달려 있다.

이러한 의무에 대해 전적으로 동의하지 않은 사람이 어떤 종류의 권력이든 쥐게 된다면 그 권력은 자리를 잘못 찾아간 것이다.

기꺼이 동의하지 않는 사람에게 크고 작은 힘을 행사하도록 하는 것은 그 자체로 범죄행위가 된다. 마음을 인식하고 있는 모든 이가 이런 힘의 행사를 잠자코 받아들인다면 모두 종범으로 범죄에 가담하는 것이다.

전체 공적 선언이 이 범죄로 자극을 받아 구성된 국가는 그 자체로 범죄 국가다. 결코 합법적이지 못하다.

전체 공적 선언이 일차적으로 이 범죄 쪽을 지향하는 국가는 완전한 합법성을 결여하는 것이다.

이 범죄에 대항하는 규정을 담고 있지 않은 법적 조직에는 법이 존재하지 않는 것이다. 이 범죄에 대항하는 조항을 제공하는 법적 조직은 완전한 법적 특성을 가지지 않는 것이다.

이런 범죄를 저지르는 구성원을 가진 어떤 정부, 혹은 그들의 하위 조직 안에서 그것을 권력화하는 구성원을 가진 정부는 그 기능을 배반하는 것이다.

어느 집단이나 기관이든 일반적 기능이 이 범죄의 실행을 암시하거나 유도하는 단체는 사실상 불법을 저지르는 것이며 따라서 개혁되거나 폐지되어야 한다.

아무리 작더라도 공공의 의견에 영향력을 미치는 사람이

스스로 인지하면서 어떤 사안에서 비켜나 있거나 의도적으로 공격하기를 피한다면 역시 이 범죄의 방조자가 되는 것이다.

대중의 의견이 자유로운데도 국가가 범죄의 현행 본보기를 비난하지 않는다면 이 범죄로부터 결백하지 않다. 혹은 자유롭게 표현하는 것이 금지된 상태에서 은밀하게라도 비난하지 않는다면 범죄로부터 결백하지 못하다.

공적 삶의 목적은 만인에 대한 의무에 효과적으로 동의할 필요가 있는 사람들과 그 의무를 이해하고 있는 이들에게 위임된 모든 권력의 형태를 배열하는 것이다.

법은 이 목적을 효과적으로 만들기 위한 항구한 규정의 통합체다.

의무를 이해하는 데는 두 가지가 필요하다. 원칙을 이해하고 그 원칙의 적용을 이해하는 것이다.

그 적용에 관한 한 이 세상 안에서 의무는 인간적 욕구를 지니고 있기 때문에 지성이 최대한의 정확성을 가지고 육체와 영혼의 세속적 욕구, 그리고 그 욕구의 개념을 인식하고 구별하고 차별하고 열거해야 하는 것이다.

이것은 항구적으로 재검토해야 하는 연구 과제다.

의무 선언

인간 존재를 향하는 의무의 구체적 개념과 여러 임무로 그것을 구분하는 것은 인간의 영혼과 육체의 세속적 욕구를 인식함으로써 획득되는 것이다.

각각의 욕구는 그 상응하는 의무를 수반한다.

인간의 욕구는 신성하다. 이 욕구에 대한 만족은 국가의 이성이나 재산, 국적, 피부색 혹은 도덕이나 의문 속에 있는 인간을 향하는 다른 가치, 그 고려가 무엇이든 간에 그에 대한 고려 사항으로 종속될 수 없는 것이다.

필요에 의해 부과되거나 다른 인간 존재의 욕구에 의해 제외되는 인간의 욕구에 대한 만족에 법적 제한은 있을 수 없다. 한계는 모든 인간의 욕구가 평등한 정도의 관심을 받을 때라야만 합법적이다.

인간 존재를 향하는 근본적 의무는 인간 존재의 중요한 욕구의 열거에 의해 여러 가지 구체적 의무로 세분화된다. 모든 욕구는 저마다 임무로 연결된다. 그리고 모든 임무는 욕구로 연결된다.

문제가 되는 욕구는 세속적 욕구다. 그것은 인간이 만족할 수 있는 것이어야만 하기 때문이다. 이 욕구는 육체뿐만 아니라 영혼에게도 필요하다. 욕구에 불만족한 이의 영혼은 굶주리거나 훼손된 육체의 불만족에 비유되는 상태로 남아 있기 때문이다.

인간 육체의 근본 욕구는 음식, 난방, 수면, 건강, 휴식, 운동, 신선한 공기 등이다. 영혼의 욕구는 대부분 서로 균형을 이루고 보완할 수 있는 대척 항과 짝을 이루며 열거될 수 있다.

인간 영혼은 평등과 위계질서의 욕구를 가지고 있다.

평등은 관심의 동등한 정도가 모든 인간 욕구에 기인하는 원칙의 공적 인식이나 제도, 방법으로 효과적으로 표현되는 것이다.

위계질서는 책임의 규모다. 관심은 그 자체로 위를 향하기 쉬운 것으로 고정된 채 남아 있고 특별한 규정은 평등과 위계질서의 효과적 호환성을 보장하기 위해 필요한 것이다.

인간 영혼은 동의에 의한 순종과 자유의 욕구를 지닌다.

동의에 의한 순종은 권위를 인정하는 것이다. 사람은 그것이 합법적인지 판단하기 때문이다. 정복이나 사상에 의해 세워진 정치 권력과 관계된 것이나 돈에 기반을 둔 경제 권력에 의한 것은 불가능하다.

자유는 자연적 힘의 직접적 강제와 합법적으로 수용된 권위 사이에 남겨진 여지 내에서 일어나는 선택의 힘이다. 자유를 위한 운신의 폭은 충분히 넓어야 한다. 그러나 순수한 것만을 포함해야 하며 범죄를 허용할 만큼 넓어서는 결코 안 된다.

인간 영혼은 진리의 욕구와 표현의 자유에 대한 욕구를 가진다.

지성적 문화의 접근이 용이하고 심리적으로 소외되지 않은 환경 안에서 진리에 대한 욕구는 채워질 수 있다. 이 욕구는 사고의 영역 안에서 진리를 위한 그 하나만의 관심이 아닌 어떤 다른 목적을 위해 노력해야만 하는 육체적·도덕적 억압이 존재하지 않기를 요구한다.

이 욕구는 실수나 거짓말에 대한 보호를 요구한다. 공공의 안녕이 사고의 영역 안에서 악에 대항하는 수단이기를 요구한다.

지성은 어떤 권위에 의해서도 통제되는 일 없이 그 자체로 자유롭게 표현되기를 요구한다. 순수한 지성적 연구의 영역이어야 한다. 분리되어 있지만 모두가 접근할 수 있어야 하며 어떤 권위의 간섭도 있어서는 안 된다.

인간 영혼은 사적이고 외따로 있고자 하는 욕구와 사회생활의 욕구도 가지고 있다.

인간 영혼은 사유재산과 공유재산의 욕구를 가진다.

사유재산은 얼마간의 돈을 소유하는 것만을 의미하지 않는다. 집이나 농지, 가구, 농기구처럼 구체적인 물건을 소유함으로써 영혼에게는 그 자체나 육체의 확장으로 여겨지는 것이다.

자유처럼 사유재산도 양도할 수 없는 것이어야 한다.

공유재산은 인간 구성원 사이의 감정으로 정의되어야 한다. 특정 목적의 확장이나 환경의 발전과 같은 것이다. 이 감정은 특정한 객관적 조건에서 가능할 수 있다.

사적이며 공적인 재산으로 규정되는 사회적 계급이 존재한다는 것은 노예제도만큼이나 부끄러운 일이다.

인간 영혼은 처벌과 명예의 욕구를 가진다.

죄를 범함으로써 선에서 축출될 때마다 인간은 고통을 통해 재건되어야 한다. 처벌이 정당했다는 사실을 영혼이 언젠가 자유롭게 인식할 수 있도록 한다는 취지로 고통이 가해져야 한다. 재건이 선을 동반하는 것이라면 처벌 또한 그러하다. 순결한 모든 사람과 죄의 대가를 치른 사람 누구나 명예롭게 인정받아야 한다.

인간 영혼은 공공 가치의 일반적 업무 안에서 훈련된 참여를 필요로 한다. 이 참여는 개인이 스스로 나서야 한다.

인간 영혼은 안전의 욕구 못지않게 위험을 감수하려는 욕구도 지니고 있다. 폭력이나 굶주림 따위의 공포가 영혼을 병들게 하지만 위험의 부재에 따른 지루함 역시 영혼을 병들게 한다.

인간 영혼은 무엇보다 자연에 뿌리내려야 한다. 그것을 통해 우주와 접촉해야 한다.

자연적 인간 환경의 예: 그의 나라. 모국어로 소통하는 곳. 그의 역사적 과거와 문화, 일, 이웃이 있는 곳.

인간이 뿌리내리는 것을 방해하거나 인간을 뿌리 뽑히게 하는 모든 것이 범죄다.

인간의 욕구가 충족되는 곳 어디에나 기쁨, 아름다움, 행복이 꽃핀다. 외롭고 소외당하는 사람이 있는 곳이라면, 슬픔과 어그러짐이 있는 곳이라면 그곳에는 무언가가 결핍된 것이며 보완이 필요하다.

실제 적용

국가의 생명에 실제로 영성적 고취를 불러일으키는 이 선언을 위한 첫 번째 조건은, 그러한 의도를 가진 사람들에 의해 적용이 이루어져야 한다는 것이다.

두 번째 조건은 어떠한 권력(정치, 행정, 경제, 기술, 영성, 법)이든 그것을 휘두르거나 혹은 휘두르고자 하는 욕구를 가진 이들은 그 행위의 실제적 규칙으로 적용하기 위해 그 자신을 담보해야만 한다.

그런 경우 의무의 일반적 특징은 다소 특별한 직무에 접목되어 변형된다. 다음 말들로 맹세를 부연할 필요가 있을 것이다. "… 나의 책임 안에 있는 이들의 욕구에 특별한 관심을 보이는 것."

맹세에 대한 위반은 말이든 행동이든 간에 언제나 처벌된다는 원칙이 있어야 한다. 처벌을 가능하게 하는 제도나 사회윤리가 만들어지기 위해서는 몇 세대가 걸릴지도 모른다.

이 선언에 동의한다는 것은 그러한 제도나 윤리가 가능한 한 조속히 실현되도록 노력한다는 것을 의미한다.

에필로그

신을 찬양하라. 그리고 피조물에게 동정심을 가져라.

이것은 같은 마음이다. 그렇다면 어떻게 가능할까? 둘은 분명 모순되는 것이 아닌가?

신의 영광에 감사하라.

피조물의 비참함에 연민을 가져라.

지치고 배고프고 목마른 그리스도에게 연민을 가져라.

신에게 감사하라.

모든 피조물에게 동정심을 가져라.

신을 찬양하고 만물에게 연민을 지녀라.

피조물은 동정심 말고는 어떤 사랑의 대상도 될 수 없다.

신은 찬양 말고는 어떤 사랑의 대상도 될 수 없다.

신은 우리의 전 존재(육신, 피, 감성, 지성, 사랑)를 포기했다. 연민 없는 필연과 악의 잔혹성, 영원하고 초월적인 영혼을 위하여.

창조는 포기다. 그 자신 이상의 것을 창조하는 데서 신은 필연적으로 포기를 택했다. 신은 그 자신인 창조의 일부를 그의 보살핌 아래 두고 지켰을 뿐이다. 모든 창조물의 창조되지 않은 부분, 그것이 생명이고 빛이며 말씀이다. 그것은 신의 유일한 아들이 이 땅에 나타나신 모습이다.

우리가 사물의 질서에 동의한다면 그로써 충분하다. 이 동의가 어떻게 연민과 합일될 수 있을까? (사랑과 잘 화해되지 않는 듯 보일 때) 그것이 어떻게 유일한 사랑이 될까?

지혜가 이것을 우리에게 가르쳐 준다.

사람들 안에 신의 사랑이 살아 있는 세상이 아니라면 신은 세상에서 부재한다. 그러므로 사랑은 연민을 통해 세상 안에 그 모습을 드러내야 한다. 연민은 바로 여기서 보이는 신의 현존이다.

우리에게 연민이 결여될 때 피조물과 신 사이의 극단적 분리가 일어난다.

연민을 통해 우리는 피조물을 신과 소통하는 하나의 피조물로 현세 안에 둘 수 있다.

연민은 창조의 경이로운 유사체다.

유다인과 로마인의 잔혹함은 그리스도에게 과도한 힘을 부여했다. 그로 인해 그리스도로 하여금 신에 의해 버림받았다고 느끼게 했다.

연민은 신과 피조물 사이의 심연을 메운다.

그것은 무지개다.

연민은 창조의 행위로서 동일한 국면을 가져야 한다.

단 하나의 피조물도 배제할 수 없다.

우리는 연민으로 사람을 사랑해야 한다.

모든 창조물은 연민의 대상이다. 모두가 덧없는 것이기 때문이다.

동정은 겸손한 자를 향한다.

겸손은 유일하게 자신을 사랑하도록 허용된 형상이다.

신을 찬양하라.

피조물에 대해 연민을 가져라.

스스로 겸손하라.

겸손이 없다면 모든 선은 유한하다. 오직 겸손만이 선을 무한하게 만들 것이다(FLN 102-3).